中公新書 2777

小林道彦著

山県有朋

明治国家と権力

中央公論新社刊

はじめに

一つの時代の終わり

一九二三年（大正一二）九月一日、関東大震災によって帝都東京は壊滅・炎上した。「江戸文化の名残烟《けむり》となりぬ。明治の文化また灰とはなりぬ」。時代の転換を感知した作家永井荷風はそう詠《うた》って、「去りし明治の世」を偲《しの》んだ。このときすでに大正天皇の病篤《やまいあつ》く、皇太子裕仁親王が摂政に就いていた。「昭和」は事実上始まっていたのである。

「鷗外漁史《ぎょし》も亦《また》姿をかくしぬ」。荷風の「震災」（『明治の子』）には故人となった多くの芸術家も登場しており、森鷗外もその一人に含まれている。彼は前年七月九日にこの世を去ったが、荷風にとって鷗外はあくまでも「明治の文化」に生きた芸術家だった。

そして、そのおよそ半年前（二月一日）に、鷗外とも因縁浅からぬ関係にあった元老山県有朋もまた亡くなっていた。

山県が没したとき、彼を中心に作られた和歌の会、常磐《ときわ》会の同人で鷗外の親友でもあった元陸軍軍医監の賀古鶴所《かこつるど》は、「国原《くにばる》のおさへに神のすゑおける千歳の石とおもひしものを」

山県有朋（1838〜1922）

との追悼歌を詠んでいる。「国原のおさへ」という万葉調の表現は鷗外の推敲による。鷗外は山県を「国家の安泰のために神が据えた鎮め石」になぞらえていたのである。この歌はもちろん賀古の作品であり、追悼歌という形式上の制約も受けている。だがそれにしても、「国原のおさへ」との表現はあまりに重い。

明治日本の象徴

昭和を代表する政治史学者岡義武は山県を「明治日本の象徴」と呼んだが、山県の生涯を俯瞰《ふかん》してみればこれは至言《しげん》だろう。その一方で、鷗外や賀古は山県没後の日本の行く末にそこはかとない不安を感じていたような印象を受ける。山県と鷗外の年齢差は二四歳、同世代とは到底言えないが、彼ら二人が同じ一九二二年にこの世を去り、しかもその翌年に関東大震災が起こっているという事実は、ある一つの時代が終わったという感懐を催させる。

山県は功成り名遂げた「明治の元勲」であり、高杉晋作や坂本龍馬のような、志半ばで亡くなった「悲運の若きヒーロー」ではない。彼は当時としては異例の満八三歳という長命を得、その間、権力中枢に座り続けていた。それゆえに世間から畏怖《いふ》され、反感を買った。軍人や巡査・官員を権力基盤に据えていたので大衆からは煙たがられた。永井荷風や石川啄木を戦慄《せんりつ》させた「冬の時代」、一九一〇年の無政府主義者による天皇暗殺未遂事件、いわゆる大逆事件にともなう言論弾圧の時代の記憶もまた生々しかった。

もっとも二一世紀の今日、山県の存在感は事実上「封印」されている。明治維新のヒーローとしての西郷隆盛や坂本龍馬、明治憲法の起草者たる伊藤博文に比べれば、山県の姿は近代日本の陰のなかに沈み込んでいるように見える。稀《まれ》に取り上げられる場合でも、「日本軍国主義」の精神を体現する侵略的で専制的、狡猾《こうかつ》で冷酷な藩閥官僚政治家といったステレオ・タイプで語られることが多い。その当否を二一世紀の文脈のなかで問うことこそ本書のテーマなのだが、本論に入る前に、まず山県の人生をごく簡単に辿ってみよう。

山県有朋と近代日本

山県は一八三八年（天保九）、長州藩萩に下級武士の子として生まれた。松下村塾《しょうかそんじゅく》で吉田松陰の薫陶《くんとう》を受け、長州藩士として尊王攘夷運動に挺身《ていしん》し、戊辰戦争では奇兵隊《きへいたい》を率いて目覚ましい軍功を挙げた。

明治新政府では陸軍軍人として徴兵制度の導入を推進し、陸軍卿・参軍などの要職を歴任する。しかも、彼はたんなる軍人ではなかった。地方自治制度の導入にも尽力し、内務大臣として自由民権運動と対峙した。総理大臣の印綬を帯びて第一議会に臨み、日清戦争では自ら第一軍を率いて朝鮮半島に出征した。第二次内閣では懸案だった地租増徴を実現し、義和団事件という難局を乗り切っている。

日露戦争では参謀総長として統帥の枢機を担ったが、この間、数多の軍功によって元帥に叙せられ、憲法解釈の最高機関、枢密院の議長にも就任している。そして、明治天皇によって元老に任ぜられ、伊藤没後には事実上の後継首班指名権を掌握した。山県は巨大な官僚閥を率いて政界に君臨したが、宮中某重大事件（皇太子裕仁親王の婚約問題）の余燼《よじん》のなかで、満八三歳で小田原の古稀庵《こきあん》で没する。

山県の生涯は近代日本の興隆の歴史、特に「明治の栄光」とほぼ重なっている。彼の一生を辿ることは、近代日本を知るための格好の展望台に登ることを意味する。そこから見える景色は、権力の頂点に登りつめた者だけが望めるものであり、勤王家としての強烈な自意識を透過した景色でもある。

軍人・官僚政治家

山県が他の藩閥政治家と判然と異なる点は、その政治権力を山県系官僚閥として組織し、長期にわたって維持・運営したことであろう。あれほどの巨大派閥を擁した権力者は現在に至るまで他に例を見ない。権力意志の強靱《きょうじん》さでは岸信介、派閥の結束力では田中角栄が比較対象になるかもしれないが、彼らの権力基盤は政党組織と大衆社会にあり、二人とも選挙に落ちれば「ただの人」である。宮中や司法機関にはその力は及ばず、派閥の持続期間もはるかに短い。もちろん、岸や田中のバックには軍部は存在しない。

山県の政治権力は、幕末長州藩の奇兵隊という小さな戦闘集団のなかに芽生え、やがて、新生日本陸軍とともに成長・発展していった。その武勲によって明治天皇に咫尺《しせき》（貴人にお目にかかること）し、陸軍軍人としての栄達とともに宮中での影響力も拡大し始める。徴兵制軍隊の建設は地方自治制度の設計と繫がり、山県の影響力は自ずと内務省にまで広がっていく。また、徴兵制の導入は民衆の政治参加の問題と関わっていたから、選挙制度や議会政治・外交政策についても発言力は重みを増していった。山県系と呼ばれる官僚閥の骨格部分はこうして形作られていく。

実際、山県の権力は強大だった。戦前日本を代表する政党政治家原敬《はらたかし》が、山県との政治折衝にいかに細心の注意を払っていたか、原の膨大かつ詳細な日記から知ることができる。本格的政党内閣を実現するために、原は山県とその官僚閥を最大最強の〝対抗勢力〟と認識し、その対策に余念がなかった。

もっとも、権力は一定の強さを超えると自己増殖を開始する。自ら権勢の拡大を図るまでもなく、周囲が勝手に山県の周りに集まり、権力はますます大きくなっていく。山県閥には実態はなく、それは「山県閥現象」(ジョージ・アキタ)に過ぎなかった、という指摘にはそれなりの説得力がある。「強大な権力意志」が派閥の維持・拡大の主因だったとは限らない。

勤王に出で勤王に死す

山県は終生一貫して強い権力意志を持ち続け、齢八〇を超えてなお、その政治活動をやめなかった。西園寺公望をはじめ長命な政治家は他にもいたが、最晩年にはその政治的活動量は画然と落ちている。彼はなぜ、旺盛な権力意志を持ち続けることができたのか、あるいは、持ち続けねばならなかったのか。

槍術《そうじゅつ》の名手として知られた山県は晩年に至るまで丹念に肉体的鍛錬を続け、比較的良好な健康状態を保ち、それが強靭な精神力を支えていた。また、元帥や元老という権力装置も、権力意志発動への誘因となっただろう。

この問題を解くためには、山県の行動を通してその内面に踏み込まねばならない。自己の権力を維持することで、彼は何を求めていたのだろうか。もちろん、そこには何らかの自己肯定感が存在していたはずだが、いったいそれは何か。

山県は最晩年にその生涯を回顧して、「自分は勤王論に起り勤王論に於て討死」したとの言葉を残している。実際、山県は強烈な尊王思想の持ち主であり、その純度の烈《はげ》しさは並いる明治の軍人・政治家のなかでも際立っていた。だとするならば、ここはやはり山県の尊王思想にその権力意志・自己肯定感の原点を見出すべきだろう。

こうした問題関心にもとづいて、本書は政治権力の消長という観点から山県の生涯を描く。奇兵隊という小さな武装集団から生まれた山県の政治権力はその後どのように生成・発展していったのか。それは、明治国家の運命とどのように関わっていたのか。

言うまでもなく、本書は多くの先行研究に拠《よ》っている。本来ならその都度本文中に注記すべきだが、新書という体裁上大きく省略した。この点、あらかじめ関係者各位のご容赦を乞《こ》う次第である。

目次

山県有朋

——明治国家と権力

凡　例

・一八七二（明治五）年の太陽暦採用以前の月日は原則として旧暦によった。
・年表記は西暦を基本とし、和暦を適宜補った。
・引用文は原則として旧漢字は新漢字に、片仮名は平仮名に、旧かなは新かなに改めた。ただし歌などは旧かなのままにしている。また句読点は適宜補った。
・引用文中の〔　〕は引用者による補足である。なお、現代語に意訳した個所もある。
・ルビは引用を含め適宜振った。
・引用にあたっては現在では不適切な表現もそのままにしている。あくまで史料としての正確性を期すためで他意はない。
・敬称は略した。
・「山県」の正字は「山縣」であるが、読者の親しみやすさを考えて、あえて「山県」で表記した。
・一八九七年一〇月の国号変更以降は「韓国」と表記し、それ以前と併合以降（一九一〇年八月～）は「朝鮮」とした。

第1章　政治的自我の形成——長州藩での台頭

1　尊王論の洗礼——槍術と松下村塾

誕生

本州最西端の長門《ながと》国（現山口県）、阿武《あぶ》川が日本海に流れ落ちてできた三角州に、関ヶ原の戦いで敗れた毛利氏は居城を築いた。萩城である。かつて中国地方全域に覇を唱えていた毛利氏は、周防《すおう》・長門二ヵ国を領する一外様大名となり、ここに萩を藩庁とする長州藩の歴史が始まった。

一八三八（天保九）年閏四月二二日（陽暦六月一四日）、萩三角州の南端、橋本川河畔川島の山県有稔《ありとし》の陋屋《ろうおく》に男子が生まれた。幼名は辰之助といい、一八歳のときに小助（小輔）、のちに狂介と改めた。本書の主人公山県有朋である。以下、本書では幼名の類は用いず、「山県」または「有朋」で統一する。

父有稔は中村氏の出で、有朋の祖父尚政に子がなかったために、いわゆる夫婦養子として山県家に入った。身分は足軽以下の蔵元付仲間《くらもとつきちゅうげん》であり、その職務は上役の指示に従って諸役所の雑務をこなす「手子役《てこやく》」だった。公の場合以外には苗字を用いることもでき、帯刀《たいとう》も認められていたが、武士階級のなかでは最下層に属していた。

明治維新後、上士《じょうし》、中士《ちゅうし》、下士《かし》の武士階級は士族となるが、下級の武士だった足軽、仲間、小者《こもの》は卒族とされた。周防・長門では上士の最高位は毛利家一門、その下は永代家老（益田家、福原家）、中士の最上位が八組《はつくみ》や馬廻りなどの大組《おおぐみ》であり、のちに有朋と因縁浅からぬ間柄になる高杉晋作は八組出身だった。高杉は生まれたときから藩政中枢を担うことを運命づけられており、軽輩の有朋との身分的格差には歴然たるものがあった（「戊辰戦争と長州藩士楢崎頼三」）。

家庭環境

有朋の母は松子といい、有稔と同じく仲間の出身だったが、彼が五歳のときに他界している。山県には母の記憶はほとんどない。夫婦は二男三女を儲《もう》けたが、長男は早世したので、有朋は唯一の男子であった。彼は父と祖母に育てられたが、祖母は武士的気概の涵養《かんよう》に努めた。

父有稔は能吏《のうり》であり、また和漢の学、とりわけ国学に通じ、特に歌道に秀でていた。山県はのちに多くの歌を詠むが、これは有稔の薫陶による。

数え年一六歳で元服を迎えた有朋は父同様、手子役として藩政の最末端を担わされた。まず、蔵元両人所で出納関係の雑務に従事した。当時の武士社会では「算盤勘定」は卑賤視され、その最末端の雑務などは軽輩の子弟にこそ相応《ふさわ》しいと考えられていた。

ついで、藩校明倫館《めいりんかん》で住み込みの雑用係を仰せつかっている。一七一九年（享保四）に創立された明倫館は士族の子弟しか入学できない、人材育成のためのエリート校であり、卒族の子弟にはその門戸は堅く閉ざされていた。向学心旺盛で自負心に富んでいた有朋が、こうした境遇に大いに反発したであろうことは想像に難くない。

槍術に励む

次に有朋は小郡《おごおり》代官所の打廻手子役に回され、さらに御徒士《おかち》目附の横目役に任ぜられた。代官は長州藩内に一八名置かれており、手子役とは各宰判（一八の行政区画のこと）の代官の下で行政関係の雑務をこなす小吏である。横目役は目附の耳目となるいわば巡査のような役職で、地域の細々とした治安警察活動の末端を担っていた。

蔵元付仲間は元来戦場での武具持役であり、この階級の子弟は槍や長刀、捕手などの武道を学ぶことになっていた。有朋は武芸によって身を立てようと決意し、武術全般、特に槍術の鍛錬に励み、毎払暁《ふつぎょう》、自宅の裏庭のイチジクの大樹に向かって槍を振い続けた。そして一六歳にして、明倫館師範役岡部半蔵に入門を許され、二三歳の頃には宝蔵院流の槍の遣《つか》い手として、その名を知られるようになった。

後年、山県が語ったところによれば、彼は一九歳の頃、父に請うて家督を甥に譲り、自らは江戸に出て三〇〇〇の子弟を養おうと考えていたという（一九〇九年一月一五日付森鷗外宛賀古鶴所書翰『森鷗外宛書簡集』1）。家督の放棄とはただごとではないが、萩での山県の疎外感・閉塞感をうかがわせるエピソードである。

この間一八五三年にペリーが浦賀に来航し、翌年日本はアメリカとの間に和親条約を結んだ。時代は急速に動きつつあり、幕府や諸藩は歩兵火力の充実を中心とする西洋式軍隊の編成に向けて動き始めていた。いわゆる「軍事革命」である。

大量の銃兵を養うためには、身分制度そのものを封建権力自らが突き崩して、「百姓・町人」の子弟や無頼《ぶらい》の輩《やから》にも軍隊を開放しなければならない。槍術を選んだことはともかく、武術によって身を立てるという山県の選択それ自体は、こうした時代の流れに即していた。

上洛と松下村塾入門

一八五八年（安政五）六月、幕府は日米修好通商条約を孝明天皇の勅許《ちょっきょ》を得ずに締結したが、それは折からの将軍継嗣《けいし》問題と相俟《あいま》って政局をにわかに緊迫させた。

京都では尊王攘夷論が沸き立ちつつあり、諸藩はその情報探索に余念なく、六月には長州藩でも吉田松陰の私塾、松下村塾の門弟を中心に青年を選んで京都に送り込んだ。そのなかの一人が、山県の終生のライバル伊藤博文である。そして、門人ではなかったが有朋にも白羽の矢が立った。

なぜ、山県は選ばれたのか。友人の推挙もあったらしいが、藩庁は松陰の門弟たちへの内偵役を期待していたのかもしれない。

そうだとすれば、それはとんだお門違いだった。山県は京都で高杉晋作とともに「松下村塾の双璧」と称された久坂玄瑞《くさかげんずい》（大組の下の寺社組出身、松陰の義弟）と会ったが、玄瑞は山県には大変好意的であり、二人は親交を取り結んだ。また、山県は梅田雲浜《うめだうんぴん》（若狭国小浜出身の浪人学者）の尊王攘夷論に触れて非常な感銘を受けたという。一〇月、山県は萩に戻って松下村塾に入ったが、これは久坂の計らいによる。

松陰は元下級武士杉氏の出で山鹿《やまが》流兵学師範吉田家を継いでおり（元明倫館兵学師範）、藩校の門閥主義的で体制肯定的な教育にあきたらず、自ら私塾を営んで下級武士に門戸を開いていた。

幕府よりも朝廷への忠誠を説く松陰は、強烈な感化力を持つ実践的で革命的な教育家であり、「気概」を強調する塾風に対しては、明倫館に集まった門閥集団からは、時に侮蔑《ぶべつ》的な言葉を浴びせかけられた。だがそれゆえにかえって、松陰と門下生の結束はきわめて固かった。

「明倫館」の扁額《へんがく》を表御門に高く掲げた藩校の威容と、萩城郊外に位置し、あばら家という に相応しい松下村塾の佇《たたず》まいとはまことに対照的である。山県はこの同志的な集団に自らの真の居場所を見出していた。

尊攘論の洗礼

尊王思想を奉ずることによって、山県ら卒族出身者は、藩内身分制階層秩序はもとより全士族階級を超越して、観念の世界で直接天皇と結び付くことができた。尊王という建前には、藩主であろうとも公然と異を唱えることはできない。それは政治的原理であるとともに、目的を貫徹するための政治的手段でもあった。

松陰は門下生には分け隔てなく接した。そのことは彼の書翰《しょかん》に残された、愛情に満ちたきめ細やかな人物評によく表れている。山県はその晩年に至るまで門弟としての立場を守ったが、そこには政治的打算を超えた彼の真情も含まれていたように思われる。

しかし、松陰との交流は短かった。老中間部詮勝《まなべあきかつ》暗殺謀議が露見したため、彼は藩政府によって投獄され、一八五九年（安政六）一〇月二七日、幕吏によって江戸小伝馬町《こでんまちょう》で斬首《ざんしゅ》された。門人たちの衝撃は大きく、幕府に対する敵意は決定的なものとなった。

その後の三年間、山県は藩命によって京都や薩摩・豊後などに派遣されている。事実上の政情探索だが、山県にとっては松陰の遺志を継ぎ、各地で志士的連携の可能性を探る旅でもあった。

志士的活動

松陰の処刑は、大老井伊直弼《いいなおすけ》による反幕府勢力に対する峻烈《しゅんれつ》な弾圧、安政の大獄の一環だった。そして、それは政治的実力行使の連鎖を引き起こす。

一八六〇年（安政七）三月三日、直弼は江戸城桜田門外で水戸浪士らによって暗殺された。いわゆる桜田門外の変である。公儀の威光は大きく傷つき、和宮《かずのみや》の降嫁《こうか》（将軍家茂《いえもち》との婚姻）＝公武合体によって幕府は事態を収拾しようとした。

京都の政情も揺らぎ始める。一八六二年（文久二）四月、将軍家とも縁戚関係のある薩摩藩の国父、島津久光は幕政に介入すべく大兵を率いて上洛した。全国の尊攘派はこれに大きな期待を寄せ、久坂や山県も脱藩して京都で事を起こそうとした。ところがこのときたまま、北条瀬兵衛（藩政府官僚）に随行して江戸に向かうようにとの藩命が下った。山県は逡《しゅん》巡《じゅん》したが、江戸の状況を知るには好都合との久坂の判断もあって、結局この任務を引き受けている。

久光の本音は公武合体にあり、開国もまたやむなしと考えていた。彼は四月に自藩の尊攘過激分子を上意討ちにしたが（寺田屋事件）、即刻攘夷論に危惧《きぐ》の念を抱いていた孝明天皇はかえって久光を股肱《ここう》と頼むようになった。

この間、江戸に赴いた山県は桂小五郎（木戸孝允）に久坂らの挙兵計画を告げている。もっとも、木戸は時期尚早だとして受け流しており、山県はたんなる伝令役としての役目を果たしたに過ぎない。

山県の活動はこの頃から徐々に志士的色彩を帯びていく。いったん京都に引き返していた山県は、四月には勅使大原重徳《おおはらしげとみ》に随行する薩摩藩の大兵とともに江戸に入り、攘夷の大業を成し遂げようと考えていた。ところが、久光の「変節」により、この計画は水泡に帰し、八月、山県らは国許に帰って態勢を立て直すことにした。翌一八六三年二月、再び上洛するが、京都では、溜まりに溜まった尊攘派のエネルギーがテロリズムとして噴出しようとしていた。

政治的テロリズム

吉田松陰とその門下生の多くは「政治的テロル」を躊躇《ちゅうちょ》しなかった。ここでいう政治的テロルとは同志的集団による非合法的暗殺行為や破壊活動を指す。

松陰による間部詮勝暗殺未遂については先に触れたが、これ以外にも彼は井伊直弼の暗殺を画策していた。久坂や高杉晋作は将軍家茂の暗殺を企《くわだ》てており（一八六三年頃）、彼ら両名と伊藤博文や井上馨《かおる》、そして、のちに奇兵隊の軍監となる赤禰武人《あかねたけと》らは、一八六三年（文久二）一二月一二日に江戸御殿山に完成間近だった英国公使館を焼打ちしている。さらに、伊藤は国学者の塙 次郎《はなわじろう》の殺害に関与し、他にも元高槻藩士宇野東桜《うのとうおう》の謀殺にも加わったとされる（一八六二～六三年）。久坂と伊藤は長州藩の藩論を一時左右していた開国論者長井雅楽《ながいうた》の暗殺を謀ったこともあった（『暗殺の幕末維新史』）。

久坂は突出した行動主義者であり、土佐勤王党の武市半平太《たけちはんぺいた》とも連携して政治的テロルを種々画策していた。ただし、山県がそれらに直接関与していた形跡は見当たらない。これは偶然なのか、それとも山県の慎重さを示すものなのか、この辺の判断は難しいが、久坂と意気投合していた山県が彼らのテロ行為に否定的だったとは考えられない。

足利将軍木像梟首事件

一八六二年から六三年（文久二～三）にかけて、京都では尊攘派のテロルが猛威を振るっていた。彼らは「天誅《てんちゅう》」と称して公武合体派の要人やその周囲の人々を殺害し、その首級を四条河原などに晒《さら》した。攻撃対象は宮中関係者にまで及んだ。

こうしたなかで起こったのが、一八六三年二月二二日の足利将軍木像梟首《きょうしゅ》事件である。首謀者は国学者の少壮グループで、彼らは京都等持院《とうじいん》に安置されていた足利尊氏、義詮《よしあきら》、義満という歴代将軍の木像の首を引き抜き、それらを三条河原に晒した。

尊攘派の大義名分論では後醍醐天皇の南朝こそが正統であり、南朝に叛旗《はんき》を翻した足利尊氏以下三将軍は逆賊である。彼らは木像でも容赦しなかった。山県はこれを「義挙」として高く評価し、首謀者に対する寛大な処分を朝廷に求める建言書を起草している（「懐旧記事」）。

天誅の脅威は宮中を動かし、四月一六日、孝明天皇は攘夷の詔《みことのり》を発して、五月一〇日を期して幕府は攘夷を決行するとした。薩摩藩の勢威は失墜し、今度は長州藩が京都政局の表舞台に躍り出た。天皇は上洛した将軍家茂とともに加茂社に行幸し、攘夷を祈願したが、このとき、山県は高杉らとともに家茂の参詣を鴨川河畔で拝観したと伝えられている。

山県は思想的には尊攘激派だったが、その政略には当初からリアリストとしての片鱗もうかがわれる。まず、防長二国（周防と長門）の結束を固め、次に周辺諸藩に遊説して自陣を固めてから、尊攘の挙に打って出るべきだというのである。久坂はそれを「遅緩の議」として斥《しりぞ》け、横浜に出て洋館を焼き払おうとした。だが考えてみれば、長州藩の砲台が設置され、外国船舶が頻繁に往来する関門海峡の方が攘夷戦争の火蓋《ひぶた》は切りやすい。山県と久坂は我こそは攘夷の先駆けたらんと勇躍長州へ戻った（「懐旧記事」）。

なお、一八六三年一月八日に山県は士分に取り立てられている（伊藤之雄『山県有朋』）。年来の宿願がようやく叶《かな》ったこともあって、山県の士気は大いに高揚していた。

2　奇兵隊軍監——権力は銃口から生まれる

奉勅攘夷と奇兵隊の結成

一八六三年（文久三）五月一〇日、久坂や山県ら光明寺党（彼らの駐屯地の地名に由来した呼び名）の面々は、関門海峡を通過中のアメリカ商船を砲撃した。それは藩の制止命令を振り切った独断行為だった。

その後も、彼らはフランス・オランダ商船に向けて発砲を繰り返した。列国軍艦は当然それに反撃し、フランス兵などは上陸して一部の砲台を破壊している。しかし、それは本格的な報復の序曲に過ぎなかった。

一方、薩摩藩と英国との間には前年の生麦事件——江戸から京に向かっていた久光の行列に対する「不敬行為」に憤った薩摩藩士が英国人数名を殺傷した事件——に起因する局地戦争が勃発し、七月二日、同藩は錦江《きんこう》湾に侵入してきた英国艦隊と砲火を交えている。いわゆる薩英戦争である。もっとも、事件の一部始終からも明らかなように、それはイデオロギー的な攘夷戦争ではない。

高杉晋作（1839～67）

対外的な危機が切迫するなかで、六月に山口の藩庁（萩から移転）は高杉に下関防御を任せた。ここで高杉が編成したのが奇兵隊である。それは正規軍の過少を補うための「やむを得ずの窮策」（一八六三年六月八日付前田孫右衛門宛高杉書翰）であり、一般庶民も入隊できるようになった。隊士の多くは下級武士と庶民（平百姓）だったが、彼らは藩内の身分制的階層秩序のなかで、より上位の身分に取り立てられることを夢見ていた。

隊士にはアウトロー的気質の者が多く、しばしば藩の正規部隊との間にトラブルを引き起こした。以後長州藩では、奇兵隊類似の部隊が数多く編成され、実戦に投入されていくが、それらを総称して「諸隊」という（『高杉晋作と長州』）。

文久三年八月十八日の政変

長州藩による五月一〇日の攘夷戦争は孝明天皇を恐れ慄《おのの》かせた。このままでは戦火は畿内に及ぶかもしれない。八月一八日、天皇は公武合体を標榜していた薩摩藩と一橋慶喜・会津・桑名両藩、いわゆる一会桑《いっかいそう》の支持の下に、長州藩の勢力を京都から追い払った。このとき、三条実美ら尊攘派の公卿たちもまた長州へと落ちていった。

政変の衝撃はすぐさま国許に波及し、長州藩内では俗論党《ぞくろんとう》（穏健派）と正義党（急進派）との対立が先鋭化した。正義党側に属していたが諸隊の正規部隊への反感は強く、八月一六日の教法寺事件をはじめ、双方の間にはすでに刃傷《にんじょう》沙汰も起こっていた。

藩政府は高杉に奇兵隊総管としてその統制を委ねたが、一〇月には山口に召還され、藩政の中枢を担うこととなった。八組士としての「高貴なる責務《ノブレスオブリージュ》」を果たすときが来たのである。

ところがほどなくして、諸隊の一つ遊撃隊で京都出兵論が沸騰し始め、今度は一転してその鎮静を命ぜられる。これにはさすがの高杉も辟易《へきえき》したと見え、久坂らとの協議と称して勝手に上洛してしまった（文久四年一月）。それは脱藩行為であり、帰国した彼は萩の野山獄に幽閉されている（元治元年三月）。

この間、奇兵隊にも動きがあった。高杉の後任総管河上弥市《かわかみやいち》（八組出身）は攘夷の先駆けたらんとして脱藩し、但馬生野《いくの》の変を引き起こして憤死した（文久三年一〇月一四日）。そして河上の後任の赤禰武人（庶民出身）は、今度は一転して隊士全員の士分への取り立てを藩庁に迫っていた。

奇兵隊軍監就任

藩政府は奇兵隊を厄介視し、駐屯地も転々とさせられた。だが、藩内屈指の政治的戦闘集団を放置しておくわけにはいかない。

一八六三年（文久三）一二月、奇兵隊の下関再駐屯とともに山県は奇兵隊軍監に任命された。軍監は総管に次ぐ地位である。就任の経緯ははっきりしないが、高杉の口利きがあったことは間違いないだろう。「卑賤《ひせん》の者ども」を押さえるには、山県のような卒族出身者の方が好都合だった。

もっとも、赤禰の士分取り立て論に山県が同調した形跡はない。奇兵隊は戦闘集団であり、隊士それぞれの軍功にもとづく処遇がなされねばならない。手槍をとって軍監に就任した、「一介の武弁」（取るに足らない武人の意、自負と謙譲を込めた表現）山県の論理ではそうなる

奇兵隊時代，32歳

だろう。来るべき幕府との一戦や攘夷戦争を見据えた議論である。

一方、俗論党との融和をめざしていた赤禰にすれば、いま必要なのは隊内に充満しつつある暴発エネルギーの抑制であり、隊士全員の士分取り立てこそが、藩内融和と挙藩抗戦体制を実現する合理的な選択肢だった。つまり、赤禰の平等主義は対外宥《ゆう》和《わ》政策に繋がり、山県の軍功主義は攘夷戦争や対幕府戦争と結びつきやすかった。

この頃、山県は病気がちだった。とはいえ、宝蔵院流の槍の遣い手である山県や柳生新陰流免許皆伝の腕前を誇る高杉の身体能力は高く評価されるべきだろう。奇兵隊のような「荒くれ者」の集団を統率するには、強靭な肉体的・精神的パワーは必須である。それらの能力に欠けるところがあれば、彼らは絶対に服従しなかっただろう。

山県は酒豪としても知られており、そのことも隊内では大いに威力を発揮した。幕末の長州では、志士たちは度胸試しも兼ねて河豚《ふぐ》を肴《さかな》に大杯を重ねたが、山県と高杉は河豚毒を警戒して彼らだけ別に鯛《たい》鍋を注文していたという。山県の用心深さを示すエピソードとして有名だが、奇兵隊士の眼前で、あえてこのような「命を惜しむ」行為に出ることができたのは、山県と高杉の武人としての存在感の大きさを示している。

山県と高杉

武士身分の周縁に位置していたことは、かえって山県をして武士らしく生きることを強く意識させたように思われる。父有稔による和歌の手ほどきは、「大和心」の涵養を通して有朋の尊攘思想をより純化させていった。さらに、儒書《じゅしょ》の会読《かいどく》を重んじる明倫館の学風に対する反発も、有朋を作歌に熱中させる一因となったようだ。これらの諸条件が内部で融合・発酵した時期に、山県は奇兵隊軍監に就任したのである。

その後山県は、奇兵隊のなかに充満していた身分的上昇へのエネルギーをまず戦場で爆発させ、その武勲を政治的パワーに変換し、やがて藩政に一定の影響力を振るうようになる。

一方、奇兵隊を創った高杉は藩政中枢に抜擢されたこともあり、奇兵隊の統御は事実上山県に委ねられた。とはいえ、山県らの意向は高杉を通して初めて藩上層部に円滑に伝わるのであり、高杉は山県らにとって必要不可欠な存在だった（『高杉晋作と長州』、「戊辰戦争と長州藩士楢崎頼三」）。

後年、山県は「高杉という人は何人に向かっても、自分が上座に座らなければ承知できぬ人で、かつそうする実力を備えていた人であった。自分などはいつ何時、彼のために腹を切らされることがあるかも知れないと思って、絶えずその覚悟をしていた」と述懐している（『山縣公のおもかげ』）。これは誇張ではあるまい。両者の間には、同志的連帯意識とともに、門閥制度に起因する微妙な緊張感もまた漂っていた。

禁門の変と攘夷戦争

久坂や来島又兵衛《きじままたべえ》などの尊攘激派は京都に出兵して退勢を挽回しようとした。一八六四年（元治元）六月五日に新選組が尊攘派を襲撃した池田屋事件は来島らを激昂《げきこう》させ、出兵論は一気に勢いを増していった。

だが、山県はこうした意見とは一線を画す。まずは、毛利氏の旧領である中国地方を押さえてから挙兵すべきと考えていた（「懐旧記事」）。とはいえ、一介の非正規部隊指揮官の発言力などたかが知れている。頼みの高杉は出獄を許されたものの赦免はかなわず、萩の自宅座敷牢で謹慎していた。

六月一四日、出兵論に押された長州藩では三家老が兵を率いて上洛することとなった。山県は上役（前田孫右衛門）に対して、自らも久坂らを追って上洛したいと切願した。だが、攘夷という観点から見れば、下関の警備もゆるがせにはできず、山県は涙を呑んで上洛を諦めている。

結果的に見れば、それは幸運以外のなにものでもなかった。七月一九日に京都に進出した長州軍は、会津・薩摩両軍を中心とする幕府方と衝突し、禁裏に向かって発砲するという窮極の「不敬行為」を冒したからだ。久坂らは戦火のなかで自害して果てた。禁門の変である。

一八六四年七月二四日、幕府は「朝敵」長州藩を討つべく西南諸藩に出兵を命じ、ここに第一次長州戦争が勃発する。そうした折も折、八月四日には米英仏蘭四国連合艦隊（全一七隻）が関門海峡に進入してきた。山県は壇之浦の守備に着いていたが、藩政府の意向は戦闘回避にあり、すでに伊藤博文・井上馨らも攘夷の困難を山県に説いていた。藩政府は周到にもこの両名を英国留学に送り出しており、彼らは急遽帰国して攘夷戦争の無謀を要路に説いていたのである。

しかし、山県は外国艦隊と一戦交えるつもりだった。約三〇〇名の隊士もそれを熱狂的に支持していた。このとき山県が柄杓《ひしゃく》に酒を酌《く》んで振舞い、「敵艦こそは格好の酒の肴である」と叱咤激励したことはよく知られる。

八月五日、四国連合艦隊による下関攻撃が始まった。砲撃戦は熾烈《しれつ》を極め、長州藩の砲台はつぎつぎと沈黙を余儀なくされ、六日にはついに敵兵の上陸と砲台の破壊を許した。

山県は槍を片手に前線で指揮を執っていたが、水を飲もうとして屈んだ刹那《せつな》、背中をかすめた銃弾が腰の握飯包みを貫通し、右腕と背中に掠《かす》り傷を負わせた。このとき、手槍を受け取って負傷した山県を支えたのが、終生にわたって親交を結ぶ三浦梧楼《みうらごろう》である。

ちなみに、山県率いる壇之浦砲台の徹底抗戦ぶり――英国軍将兵が砲台に侵入するまで艦船に発砲を続けていた――は、英国東インド・支那艦隊司令長官オーガストス・レオポルド・キューパーもまた認めている。

3 開国論への転回――二つの長州戦争

政治権力の芽生え

戦争は長州藩の敗北に終わり、休戦交渉が開始された。藩政府は高杉の罪を許して正使に抜擢し、伊藤・井上も通訳として交渉に臨んだ。一八六四年（元治元）八月一四日、休戦協定が成立した。

主戦派の山県が休戦に合意したのは、西欧列強の軍事力の凄まじさを最前線で体験したこともさることながら、高杉や伊藤・井上といった同志が和平交渉の実務を担っていたからでもあった。山県が伊藤に漏らしていたように、彼ら以外のメンバーであれば、文字通り下関が焦土になるまで徹底抗戦したかもしれない。

戦いには敗れたものの、奇兵隊士とともに最前線で奮戦し、さらには、戦傷に対して藩主から感状《かんじょう》が下されたこともあって、山県への隊士の信望はますます厚くなった。総管は代わっても、軍監という山県の位置に変化はなかった。砲火の洗礼のなかで、山県は奇兵隊という小さな権力基盤を得たのである。彼の政治力の源泉は、このアウトロー的な戦闘集団にあった。そして山県の政治権力は、長州藩の内戦とその後の戦乱のなかで急速に成長していく。

八月一八日の政変と四国連合艦隊との攘夷戦争の敗北によって、すでに長州藩内では俗論党の巻き返しが始まっていた。一〇月六日、正義党幹部は身柄を拘束され、俗論党が政権を掌握する。

幕府は長州追討の勅許を得ており、総攻撃は一一月一八日に予定されていた。俗論党政権では藩主自ら非を認め、三家老の切腹・四参謀の斬首で幕府に恭順《きょうじゅん》の意を示した。そして、一〇月一一〜二一日にかけて、主戦派の諸隊には解散令が下された。だが、山県らはこれに応じなかった。藩内権力状況はなおも流動的だった。

元治内乱の勃発

長州藩内の微妙な均衡は、高杉の向こう見ずな暴発によって破られた。

一八六四年一二月一五日、高杉は俗論党政府打倒の兵を挙げ、下関新地の藩会所を襲撃した。このとき諸隊の多くは事態を静観しており、山県率いる奇兵隊も例外ではなかった。俗論党政府に圧力を加えるべく、伊佐（萩と下関の中間地点）に移動していた奇兵隊が、藩政府軍本営を奇襲したのは翌一八六五年（元治二）一月七日未明のことである。これを大田絵《おおだえ》堂《どう》の戦いという。その後、約一ヵ月半に及ぶ長州藩の元治内乱はこうして始まった。

この間、総管の赤禰武人は内戦回避を画策し、現に諸隊のなかには藩政府側に寝返る部隊もあった。だが、赤禰の周旋策は高杉の武装蜂起によって瓦解した。

赤禰はのちに処刑されるが、山県と赤禰の運命の岐路は実に紙一重と言うべきだろう。赤禰に言わせれば、自分の行為は交渉であり、周旋であった。しかし、山県や高杉から見れば、それは「裏切り行為」に他ならなかった。

時代は下るが、一九一一（明治四四）年に赤禰の名誉回復運動が山口県下で起こり、帝国議会でもその旨の決議が行われたが、山県と三浦梧楼はそれを頑《かたく》なに拒んだ。彼らにとって、赤禰への贈位は自らの政治的正当性の否定そのものだったからだ。遺族は納得せず、一九二六年にも赤禰への贈位が帝国議会で決議されている。だが、死せる山県に配慮したのか、赤禰の名誉回復はついにならなかった。（「長州藩第三代奇兵隊総管赤禰武人の『贈位反駁論』とその検証」）。

話を戻す。大田絵堂の戦い以降、奇兵隊の加勢と奮戦もあって、高杉は苦境から脱出することができた。高杉が「わしとおまへは焼山かづら〔葛〕、うらは切れても根は切れぬ」との俗謡を山県に送ったのはこのときのことである。

木戸孝允と大村益次郎

こうして、高杉らの蜂起をきっかけに俗論党政権は崩壊した。だが、高杉の心境は複雑だった。諸隊のパワーは高杉の許容範囲を超えようとしていた。彼は山口に集結した諸隊の力を削《そ》ごうとして、それらを藩内に分散再配置し、八組士などの藩士からなる干城隊によって諸隊を統制させることを考え始める（一八六五年三月五日付佐世八十郎〔前原一誠〕宛高杉書翰）。

これが実施されれば、山県との軋轢《あつれき》は確実に高まっただろう。だが、高杉が再度出奔したこともあって問題は表面化せずに終わった（『高杉晋作と長州』）。

なおこの時期、有朋を慈《いつく》しんでいた祖母が入水《じゅすい》自殺している。その理由は判然としないが、内乱に伴う流言蜚語《りゅうげんひご》が飛び交うなかで、有朋と山県家の将来を悲観・誤解してこうした挙に出てしまったのかもしれない。

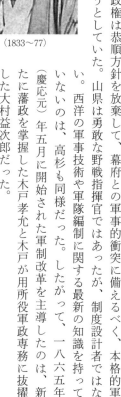

復権した正義党政権は恭順方針を放棄して、幕府との軍事的衝突に備えるべく、本格的軍制改革に舵《かじ》を切ろうとしていた。山県は勇敢な野戦指揮官ではあったが、制度設計者ではない。西洋の軍事技術や軍隊編制に関する最新の知識を持っていないのは、高杉も同様だった。したがって、一八六五年（慶応元）年五月に開始された軍制改革を主導したのは、新たに藩政を掌握した木戸孝允と木戸が用所役軍政専務に抜擢した大村益次郎だった。

木戸孝允（1833～77）

大村は、諸隊を正規軍に編入すると同時に「農商兵」の本格的な徴兵に踏み切った。正規軍は藩当局の一元的な統制下に置かれたが、高杉の構想は破棄され、干城隊と諸隊とは対等の扱いを受けることになった（『幕長戦争』『幕末・維新の西洋兵学と近代軍制』）。門閥制度の一角を軍功によって突き崩し、軍事官僚となる可能性が山県の前に開けたのである。

軍制改革には西洋の新型兵器の大量導入が必要であり、木戸はこの大役を伊藤博文と井上馨に託した。

一会桑を中心とする京都政局から疎外されていた薩摩藩では、すでに幕府の統治能力に見切りをつけ、新たな合従連衡《がっしょうれんこう》を模索する動きが西郷隆盛を中心に始まっていた。薩摩は長崎での武器買い付け交渉を通じて、長州との関係修復を模索していた。だが八月一八日の政変以降、薩摩に対する反感が根強かった山県や諸隊にはここでも出番はなく、彼らは戦火の拡大をいたずらに希求するようになる。

国事周旋への意欲

この間、長州藩正義派政権と幕府との関係は悪化の一途を辿っていた。

木戸は山県ら諸隊の主戦論を抑えつつ、巧みな開戦外交を展開していた。それは功を奏し、一八六六年（慶応二）六月七日に第二次長州戦争が仕掛けられたとき、薩摩藩をはじめ多くの諸藩は幕府の出兵命令に応じなかった（『木戸孝允と幕末・維新』）。戦場は四境、すなわち、広島、瀬戸内、山陰、北九州に及んだ。

六月一七日、山県は奇兵隊を率いて他の諸隊とともに九州に上陸し、小倉藩をはじめとする幕府軍と激突した。下関の対岸に位置する赤坂海岸での戦いは激烈をきわめたが、七月二〇日、将軍家茂が大坂城で死去すると、幕府軍の士気は瓦解し、小倉藩は単独で抗戦を継続した。そして一二月二五日、孝明天皇の急逝によって状況は急転した。同月二八日、小倉藩との間に和議が成立する。

戦いの峠が見え始めた一〇月一八日、山県は藩政府宛てに「衛夜乃寝言《えやのねごと》」と題する意見書を提出している。山県は言う。

人材を選んで海外に派遣して、「船艦、砲兵、制度、政事等の実学を練磨」し、下関を兵庫に取って代わる一大貿易港となす、大坂城を落として会津・桑名などの「賊」を殲滅《せんめつ》し、まずは防長二州に割拠して天下の大勢をうかがうべきだ、と。

ここでは山県は堂々たる開国論者であり、自らの大戦略を積極的に開陳している。また、木戸による対薩摩接近工作に配慮したのであろう、奇兵隊内で盛んに唱えられていたいわゆる「薩賊」論——薩摩に対する強烈な敵愾心《てきがいしん》——も影を潜めていた。行間からは、熱狂的な主戦派といったイメージを刷新しようとする山県の意図がうかがわれる（「懐旧記事」）。

薩摩藩との接触

一八六七年（慶応三）四月一四日、かねてより結核療養中だった高杉は卒然と世を去った。

それは山県にとって一大痛恨事だったが、同時に政治的フリーハンドの拡大を意味していた。

山県は、それまでほとんど接点のなかった木戸孝允に働きかけて、京都での政治工作に従事しようとした。第二次長州戦争には勝利したが、長州藩は相変わらず「朝敵」であり、それは同藩の政治活動を強く拘束していた。薩摩藩を通じての対朝廷工作は最重要の政治課題だった。

五月、隠密裏に上洛した山県は、薩摩藩邸に匿《かくま》われながら同藩士との親交を温めていたが、ほどなくして西郷と面談の機会を得る。そして、島津久光にも拝謁《はいえつ》を許され、直々に六連発拳銃を下賜《かし》されている。異例の厚遇だが、その背景には長州、とりわけ奇兵隊内部に燻《くすぶ》っていた八月一八日の政変以来の薩摩に対する悪感情を、山県を通じて払拭《ふっしょく》したいとの目論見があったようだ。

この間、将軍徳川慶喜は兵庫開港の勅許取り付けに成功し、長州藩赦免の件は後回しになっていた。慶喜は政局の主導権を握ろうとしており、薩摩でも長州との提携の機運が高まっていた。ところが、朝幕提携をめざす薩土盟約が成立したために、薩長共同の討幕作戦の策定は延期されてしまった。

六月、山県は山口に戻り、西郷の長州訪問をいまや遅しと待ち受けていた。だが、西郷はなかなか現れない。業を煮やした山県は出兵強行論を主張して事態の打開を図った。しかし、藩政府は動かなかった。

七月、山県は「気分相」（鬱的気分か）を理由に奇兵隊軍監を一時免ぜられている。もっとも、彼は間もなく軍監に復帰しており、免官・復官人事の背景には出兵方針をめぐる藩政府との駆け引きがあったようである。

なお、山県はこの頃、豊浦郡湯玉（現下関市）の庄屋石川良平の娘友子と結婚している。藩政の枢機の一端に触れるようになって、自らの人生に対する手応えを感じるようになったことが、数々の艶話《つやばなし》の持ち主でもあった山県をして家庭を持つことを決意させたのだろう。

当時、幕府の対長州藩交渉を担っていた軍艦奉行の勝海舟は、山県を長州藩の実力者の五指に数えている。桂小五郎（木戸孝允）、広沢兵助（真臣）、伊藤俊助（博文）、井上聞多（馨）、そして山県である。西郷との交渉を通じて、山県の存在は幕府にも知られるようになっていた（「探訪密告」）。

王政復古――京都政局からの疎外

さて、近年の諸研究が明らかにしているように、いわゆる討幕派の形成は意外と遅く、政局は複雑化していた。

危機を乗り切るための新たな政治連合が模索されていたが、そのあり方と方法をめぐって、徳川慶喜、会津・桑名、薩摩や土佐をはじめとする有力諸藩は激しい主導権争いを展開していた。一八六七年（慶応三）一〇月一四日には、慶喜による起死回生策、大政奉還が敢行された。大久保利通や岩倉具視はこれに「討幕の密勅」で対抗し、紆余曲折《うよきょくせつ》を経て、一二月九日、王政復古クーデターが薩摩・土佐を中心とする五藩兵によって行われ、天皇は彼らの手中に落ちた。

この間、長州藩内では諸隊の積極的単独出兵論が沸騰しており、山県も奇兵隊を率いて脱藩・出兵するという過激な方策に打って出ようとした。大村益次郎らは「失機改図」・割拠――しばらくは防長二州に割拠して様子を見る――を唱えてそれを牽制したが、一〇月二八日、急転直下藩政府が挙藩出兵方針を採り、山県らは暴走せずにすんだ。

もっとも、出征軍を事実上率いたのは八組士出身の山田顕義《やまだあきよし》であり、山県は長州藩内吉田での待機を命ぜられている。その理由は判然としないが、山県と奇兵隊による予期せぬ開戦を藩政府は危惧していたように推測される（一八六七年一二月二七日付伊藤博文宛木戸孝允書翰）。

他方、王政復古クーデターは旗本を中心とする幕臣集団を激昂させ、事態は軍事衝突へと雪崩を打つ。一八六八年（慶応四）一月、京都南郊の鳥羽伏見で薩長を中心とする新政府軍と旧幕府軍との間で戦端が切って落とされた。戊辰戦争の始まりである。

山県は開戦の報を遠く吉田の地で聞いた。この閑寂《かんじゃく》な地で、山県は無鄰菴《むりんあん》という庵《いおり》を結んで自らの無聊《ぶりょう》を慰めていた。その頃の漢詩の一節に曰く、「空思去歳戦争事　只対孤瓢送了冬」（空しく思ふ、去歳戦争の事、ただ孤瓢《こひょう》に対《むか》ひて冬を送了す。武井満幹氏訳）。

山県にようやく出番が回ってきたのは、徳川慶喜が大坂から海路江戸に脱出し、畿内での戦火がやんでからであった。入京した奇兵隊の軍紀紊乱《びんらん》に手を焼いた藩当局は、二月、山県麾下《きか》の奇兵隊に交代派遣を命じた。山県にとっての戊辰戦争はこうして始まった。引き絞られた矢はまさに放たれようとしていたのである。

第2章　近代的国民軍の建設――一八六八～七八年

1　戊辰戦争と西洋文明体験

北陸道鎮撫総督参謀

一八六八年（慶応四）三月一七日、山県は奇兵隊とともに海路大坂に向かった。ところが、すでに同月一四日に江戸城総攻撃は中止されていたので、急遽江戸へ下向することになった。山県は四月半ばに江戸に入ったが、江戸城はすでに無血開城していたものの、市中には不穏な空気も漂っていた。吉原見物に出かけた山県一行も一時旧幕府方に身柄を拘束され、危うく難を逃れている。

まもなく新政府から奇兵隊に北越出征の命が下り、山県は西郷とともに薩摩藩の蒸気船で大坂に向かった。当時、北越方面の状況はきわめて流動的で、奥羽越列藩同盟、とりわけ会津藩の勢力浸透は新政府軍にとって脅威だった。諸藩兵からなる遠征部隊の主力は薩長両軍であり、四月一九日に山県と黒田清隆がそれぞれ北陸道鎮撫総督《ちんぶそうとく》（兼会津征討総督）の参謀に任ぜられた。

彼らは諸藩兵からなる部隊を統括する政治的才覚を期待されており、山県は京都で木戸孝允と会い、ともに「内外の事」を論じ合っている（『木戸日記』明治元年閏四月七日）。政治的地位の上昇をうかがわせるエピソードである。

越後での戦いは、のちの会津の戦いや箱館戦争と並んで戊辰戦争屈指の激戦となった。とりわけ長岡城攻防戦は熾烈を極め、五月一九日に新政府軍の手に落ちたものの、河井継之助《かわいつぐのすけ》率いる長岡藩兵の反撃により、七月二四日から二五日にかけて山県は西園寺公望（北陸道鎮撫使、当時は参謀）とともに、いったん錦旗を奉じて長岡城から脱出している。この戦役を通じて、山県は黒田とは往々にして意見が合わず、また、兵力不足や諸藩軍の練度や編制の格差にも大いに悩まされた。

戊辰戦争の教訓

長岡平定後、山県は会津へ進軍する。もっとも、彼にとっての戊辰戦争は事実上終わっていた。長岡城攻防戦の最中に山県が詠んだ歌、「あだ〔敵・仇〕まもる砦のかゝり〔篝《かがり》〕影ふけて　夏も身にしむ越の山風」は秀歌として有名である。

戊辰戦争で山県が率いた軍隊は、藩軍の寄せ集めであり、兵士への手当てや弾薬・糧食などはすべて藩ごとに行われており、各藩にはそれぞれの指揮命令系統があった。それらを山県や黒田が統一的に指揮することはほぼ不可能であり、薩長が作戦の主導権を握れたのは、両軍の兵力が圧倒的多数を占めていたからにすぎない(『山縣公遺稿・こしのやまかぜ』)。

戊辰戦争は山県に藩軍の限界を痛感させた。とはいえ、当時の彼は漸進的改革論者であった。木戸宛の建白(一八六九年三月上旬)にいわく、政治変革はいたずらに「英国の美政」に倣うのではなく、「英仏魯〔ロシア〕米の長短を取捨」して、日本の「風気人情に近きものを採用折衷」すべきであり、政治権力を「一に朝廷に帰せしむ」こと、すなわち、封建制を廃止して「郡県制」(当時は中央集権国家を意味した)を作ることには慎重たるべきだ、と。

山県は東京遷都にも消極的だった。この頃、新政府は公議所の設置を布告しており、版籍奉還への動きも急であったが、彼はあくまでも漸進論を崩さなかった。

「よいかしらん、いけるかしらん」——欧米文明の衝撃

山県は以前から海外遊学の志望を抱いており、それはアメリカへの密航を企てた吉田松陰の遺志にも叶っていた。すでに幕末の蒸気船体験などを通じて、胸中には欧米文明に対する抑えがたい好奇心が湧き起こっており、洋行への思いは先の木戸宛建白の行間からも滲《にじ》み出ている。

一八六九年(明治二)六月、山県は木戸の後援によって、西郷従道(隆盛実弟)とともに

欧州・北米へと一年以上に及ぶ旅に出た。一行はインド洋を経て、紅海から地中海に入り、マルセイユに上陸してパリに向かった。そして、一冬をロンドンに過ごし、ベルギー・オランダからドイツに出て、ロシアに旅程を延ばした。この旅行では各国要人との会見は予定されておらず、もっぱら制度や文物の観察に終始したが、西洋文明を実見した山県は彼我の落差に圧倒された。

山県はロンドンから木戸に宛てた書翰のなかで、「合衆政」（民主政治）を求める世界の人情はいまや英国の政体にまで浸透しつつあり、国王の権威は地に堕ちていると述べ、わが国の改革は「政教一途」に出るべきであり、「公明正大に基き候ても、王威の衰えぬ様」改革は漸進的に行われねばならない、と述べている（一八六九年一一月一七日）。保守的な議論のようにも見えるが、議論の焦点は議会制度の可否であり、急進改革論者である木戸への接近がうかがわれる。

もっとも、「急進・漸進」はたんなる程度の問題である。問題はもっと深い文明開化の実現可能性そのものにあった。山県は帰国後同郷の後輩に、希望と不安に満ちた当時の心境を「よいかしらん、いけるかしらん」との言葉で表現しているが、これが山県の本音だろう（「山県有朋と地方自治制度確立事業」）。

ロシアから欧州に戻った山県一行は、一八七〇年七月中旬、大西洋を渡ってニューヨークに上陸した。そして大陸横断鉄道でミシシッピー河畔に出て、大河を船で渡ってサンフランシスコに到着した。一行が太平洋を横断して東京に戻ったのは同年八月のことである。ちなみに、山県は生涯で三回外遊しているが、往路・復路のどちらかで必ず北米大陸を経由している。

一八七〇年八月三日、山県は宮中に参内して欧米巡遊の見聞を奏上し、このとき初めて「竜顔」（天皇の顔）を拝した。以後、四〇年におよぶ明治天皇との交流の始まりである。

奇兵隊の壊滅——脱隊騒動

さて、山県が日本を留守にしている間に、国内ではいくつもの大事件が起こっていた。一八六九年（明治二）九月四日、兵部大輔《ひょうぶたいふ》の大村益次郎が長州の不平士族に襲われ重傷を負い、一一月五日この世を去った。維新政権の国軍建設にとってこれは大きな打撃だった。事件には諸隊も関与しており、国許への飛び火は必至であった。

戊辰戦争後の藩軍は「政治的士族軍」（大島明子）と化して、国政上の攪乱《かくらん》要因となりつつあった。そのため、大村は藩軍の解体と徴兵制軍隊の建設を急務と考えていた。

大村の徴兵制構想は同じく長州藩の山田顕義（兵部大丞）によって継承されたが、大久保利通は藩軍再編も考慮に入れていた。それは薩長土の「勝ち組藩軍」を集めた「三藩徴兵」として兵部省《ひょうぶしょう》の管轄下に置かれ、すでに七月に発足していた（「明治維新期の政軍関係」）。ところが、奇兵隊をはじめとする長州藩内の諸隊に声はかからず、しかも藩政府は彼らに一方的な解隊を命じてきた。

翌一八七〇年（明治三）一月、憤激した諸隊は長州各地で反乱を起こす。いわゆる脱隊騒動である。自藩の不祥事は自藩で決着を付けねばならない。木戸は西郷からの援軍申し出を断って、徹底的にこれを武力鎮圧した。

脱隊騒動は同胞相食《あいは》む凄惨な内戦であり、結果的に諸隊を中心とする藩内不平分子のかなりの部分が粛清されるか、政治的に無力化された。近代軍の建設には藩軍の解体・再編は必須だが、長州藩は他藩に先駆けて、この難題を砲火のなかでほぼ解決したのである。

兵部少輔就任――開化派への転身

木戸はこの政治的な得点を見逃さなかった。

この時期、薩土両藩兵も兵部省の指揮下を離脱して勝手に帰藩しつつあり、三藩徴兵は事実上崩壊の過程にあった。兵部省自体もまた瓦解状態にあり、参議の木戸と三条実美は帰朝したばかりの山県を起用して窮状を打開しようとした。一八七〇年（明治三）八月二八日、山県は兵部少輔《ひょうぶしょうゆう》に就任する。

翌一八七一年一月九日、長州藩出身の参議広沢真臣が何者かによって暗殺された。木戸の悲嘆は限りなかったが、広沢なき混沌とした状況のなかで実兵指揮官たる山県の政治的存在感はますます増大していく。上役や同輩の死去や失脚、また、自らの権力基盤と同時に政治的足枷《あしかせ》でもあった奇兵隊の壊滅は、洋行による山県自身の開化への確信と相俟って、彼を太政官政府の中枢へと押し出していく。

それにしても、山県はどのような思考経路で開化派への転身を遂げたのだろうか。これについては彼の軍事至上主義を起点に考えるべきだろう。

当時の欧米の軍隊は後装式施条銃、つまりライフルを導入しており、歩兵火力の多寡《たか》が戦場の勝敗を左右していた。一九世紀半ばに始まったいわゆる「軍事革命」である。そして、大量の歩兵を動員するには身分制度を打破して、徴兵制にもとづく国民軍を建設しなければならなかった。幕末の土佐藩で軍制改革の第一線にいた片岡健吉（のちの自由党領袖）が言うように、「鉄砲の戦争になれば、士族の必要はない。百姓でも町人でも身体の強い、規律をよく守るもの」こそが立派な兵隊なのだ。

列強の侵略から国土を守るためには、国民軍を建設しなければならない。その過程で武士身分が廃止されれば、武士の報酬としての家禄制度——〇〇石という米穀で換算された封建的給付——も不必要となり、家禄の廃止は藩という封建割拠体制の終わりの始まりを意味する。現に帰国直後の一八七〇年、山県は戊辰戦争の軍功による賞典禄六〇〇石と任官による官禄の返納を自ら申し出ている（「賞禄を回収せられんことを乞ふ」）。近代軍建設の必要性が山県を開化派へと転身させたのだ。

御親兵の創出

封建割拠体制を解体して中央集権の実を挙げるためには、各藩の軍隊を天皇に直結させねばならない。つまり、国許から兵力を引き剝《は》がし、東京へと集中することが必要となる。だが、それは新たな政治的リスクをともなっていた。東京に集まった諸藩兵による天皇の争奪戦、軍事クーデター勃発の可能性である。

水面下ではさまざまな動きが見られた。薩長土肥（肥前）四藩は互いに疑心暗鬼に陥っており、木戸は薩摩によるクーデターの可能性を警戒していた。一八七〇年（明治三）一一月、豊後国日田農民一揆の鎮圧に際して、薩摩藩兵の到着が遅れたことは薩長間に微妙な不協和音を醸し出す。

このとき、西郷や大久保に遅延の理由を問い質したのが山県だった。彼は相当強硬な意見も吐いたらしく、大久保も辟易したようだが、ともあれ薩摩藩兵は日田に入り、山県は大いに面目を施した（二月一六日付岩倉具視宛大久保利通書翰、『岩倉具視関係史料』上）。山県は日田農民一揆について、「秦の始皇帝に学ぶ以外に好手段はなく、暴断暴行と唱えて、全国の人心を一時戦慄させなければならない」と述べている（三月日付不明木戸宛山県書翰）。

一二月、勅使岩倉具視に随行して鹿児島を訪れた大久保や山県は、西郷の上京と三藩徴兵に代わる新たな直轄軍の創設について基本的な合意をみた。それは藩主との主従関係から切り離された天皇の軍隊の原型であり、翌一八七一年三月には土佐の板垣退助も同意し、五月には三藩提携の御親兵の編成が完了した。

このときに大阪兵学寮は廃止されたので、徴兵制導入に関する主導権も自ずと山田顕義から山県の手中に落ちるかに見えた。もっとも、西郷らは士族軍の温存にこだわっており、御親兵への参加もその文脈によっていた。徴兵制軍隊の建設、政治的士族軍の解体の前には、薩摩藩士族という大きな壁が立ちはだかっていた。

2　徴兵制導入と陸軍卿就任――揺れる政治的立場

廃藩置県での活躍

この頃、幕末の軍制改革などにより中小藩の財政状態は急速に悪化し、自ら廃藩を申し出るところも現われ始めた。また、非薩長改革派諸藩の動きも活発化しつつあった。宮中では全面的廃藩論が強まっていた。

山県らは、地方の治安維持のために鎮台兵を編成することにし、諸藩兵を混ぜ合わせて、一八七一年（明治四）四月に東山道と西海道に二鎮台を設置した（廃藩置県後の八月には四鎮台を設置）。もっとも、薩土出身の御親兵は相変わらず自藩出身者の命令しか聞かず、鎮台兵は比較的従順ではあったが、鎮西《ちんぜい》鎮台、なかでも鹿児島分営は兵部省（陸軍省）の統制にはまったく従わなかった。

さまざまな政治的思惑が交錯するなかで、このままいたずらに時を費やしたならば、薩長両藩の手中から政治的主導権は零《こぼ》れ落ちるかもしれない。事態の打開に動いたのは、山県、鳥尾小弥太《とりおこやた》、野村靖《のむらやすし》らの木戸派少壮グループだった。

一八七一年七月二日、山県が西郷と会談して、廃藩やむなしとの発言を引き出したことで事態は一気に進んでいく。何もしないで瓦解するよりは、「大英断に出て瓦解」する方がましである。大久保は日記にそう記した。七月一四日、廃藩置県の詔が渙発《かんぱつ》された。

日田農民一揆の鎮圧から西郷の引っ張り出し、廃藩置県の断行に至るまで、山県は西郷に対する交渉を担っており、その功績が評価されたのだろう、ほどなくして彼は兵部少輔から大輔に昇進し、徴兵制の段階的実施と政治的士族軍の解体という困難な政治課題に立ち向かうことになる。

廃藩置県の成功に一息ついた新政権は、岩倉具視を正使とする遣外使節を一八七一年一一月に欧米に派遣した。木戸や大久保・伊藤博文、そして山田顕義といった面々が、一年一〇ヵ月にわたって日本を留守にして「文明世界」の実相に触れることになったのである。

このとき、木戸や大久保は、西郷や江藤新平・板垣退助ら留守政府幹部から使節帰国まで大改革は行わないという約束を取り付けていた。だが、それは無理な相談だった。内外の情勢はきわめて流動的であり、危機を乗り切るためには積極的な施策に打って出ることも時に必要となる。徴兵令制定をはじめとする一連の軍制改革はその目玉であった。

大久保利通による陸軍大輔への抜擢

廃藩置県とともに制定された一八七一年（明治四）七月の太政官職制では、兵部省幹部は武官（軍人）とされ、兵部省トップの兵部卿《ひょうぶきょう》には高級人事権をも含む陸海軍に関する全権が与えられた。

この頃、兵部卿ポストは空席であり、兵部大輔の山県が実権を掌握していた。以後、兵部省では官員の武官化が急速に進められていく。当時、文官と武官は未分離の状態にあったが、これは兵部省の武官組織化への第一歩となった。

大久保利通（1830～78）

山県を兵部大輔に推したのは大久保である。当初、岩倉は板垣を大輔に就かせて、山県を少輔のまま補佐させようと考えていたが、大久保がそれに反対した。板垣も山県も「過激の性質」の持ち主であり、いったん二人が衝突すれば、板垣は山県を抑えられないというのである（一八七一年六月二九日付岩倉宛大久保書翰、『岩倉具視関係史料』上）。

謹厳実直で真面目なだけでは危機を突破することはできない。大久保は「過激」だが、板垣のように強力な旧藩士族集団を背後に持たず、しかも西郷との関係も良好な山県に兵部省を委ねたのだ。

この頃から、山県は「含雪《がんせつ》」という号を書翰などで用いるようになった。杜甫《とほ》の絶句「窗含西嶺千秋雪」（まどの彼方に西嶺の萬年雪が見える）から採ったものらしいが、雄大な景色に自らをなぞらえているような趣がある。

一八七二年二月、兵部省は陸軍・海軍の二省となり、山県は陸軍大輔を拝命した。三月、御親兵は近衛兵と名称を改め、山県は陸軍中将となり、陸軍大輔兼近衛都督（近衛兵指揮官）に任ぜられた。ところが、ここで山城屋事件という一大スキャンダルが突発する。

山城屋事件

山城屋和助（野村三千三《みちぞう》）は元奇兵隊士である。維新後兵部省の御用商人となって暴利をむさぼり、公金を事業資金に充てて省内で私的金融まで行っていた。和助は生糸相場での大損失を補塡すべく、一攫千金《いっかくせんきん》を夢見てフランスへ渡ったが、パリで「ギャンブルと女」にはまってしまった。その豪遊ぶりはすぐに日本公使館の察知するところとなり、驚愕《きょうがく》した山県は帰国を促すとともに私的貸付金の回収を命じた。この一連のスキャンダルが山城屋和助事件である。

当時、山県は御親兵出身者を近衛兵の任から解き、全国から満遍なく将士を募集しようとしていたが、桐野利秋《きりのとしあき》ら近衛兵薩摩軍人グループはこれに猛反発しており、彼らの怒りは山城屋事件をきっかけに爆発する。政治的野心に富む肥前出身の司法卿江藤新平もこれに呼応して山県に迫った。

徴兵令の告示も迫っており、これは最悪のタイミングだった。山県は憤怒のあまり近衛都督と陸軍大輔を断然辞任しようとした。だが、それでは陸軍の瓦解は免れない。西郷は山県に代わって近衛都督に就任して桐野らをなだめると請け合い、山県は陸軍大輔の職にとどまった。一八七二年（明治五）七月一九日、西郷は陸軍元帥兼参議近衛都督に任ぜられて、この大役を果たすことになる。

もっとも、西郷自ら「破裂弾中に昼寝」している有様と述べているように、事態はなかなか収まらず（八月一二日付大久保宛西郷書翰、『大久保利通関係文書』3）、山県の権力的位置も不安定なままだった。一一月二九日、山城屋は関係書類を焼却し、陸軍省で割腹自殺を遂げた。

社会革命としての徴兵制導入

一連の不祥事は外遊中の木戸を驚かせた。彼はもともと兵部省の文官組織化を考えており、西郷の元帥就任の報に憤っていた。自分の考えは、すでに山県に伝えていたはずだ。木戸は山県の対応にも不満を募らせていた。

一八七二年一一月二八日、留守政府は二〇歳の成年男子を対象とする徴兵令を公布する。同時に発表された、江藤らが起草したと思われる徴兵告諭は、士族による武備独占を激しく攻撃して次のように述べる。

武士とは「抗顔坐食《こうがんざしょく》〔驕りたかぶって、ただ飯を食らう〕し、〔中略〕人を殺し、官其《その》罪を問わざる者」であり、それは日本本来の武備のあり方――有事には天皇自ら元帥となり、兵役に堪えるものを万民から募って軍隊を編成する――からの逸脱である。士族の特権は剥奪され、四民〔士農工商〕はようやく「自由の権」を得ようとしている。これこそは「上下を平均」して「人権を斎一〔平等〕にする道」だ、と。

山県や西郷は徴兵制度が一種の社会革命であり、それが自由や人権の擁護と繋がっていることを理解していた。だが、徴兵告諭の武士否定論はあまりに挑発的であり、多くの士族を激怒させた。特に旧「賊軍」や国許に残留していた士族たちは憤懣甚《はなは》だしく、山県もそれには一定の配慮を払わねばならなかった。

山県の漸進的国民軍構想

さて、ここであらためて山県の徴兵制構想の軌跡を見てみよう。

一八七一年一二月に山県は西郷従道らとともに「軍備意見書」を建議している。そこでは国民皆兵原則を謳い上げていたが、山県本人が考案したシステムは以下の三点に要約できる。1、一七歳から四〇歳までの男子で国民軍を編成する。2、二〇歳からの二年間は現役兵とし、全国の鎮台に配備してその任に当たる。3、現役終了後〔除隊後〕は各自の生業に従事するが、四年間は予備役として春秋二度の演習に参加しなければならない。現役・予備役・後備役というのちの徴兵制軍隊、つまりは国民軍構想の基本骨格はほぼ固まっている。

もっとも現役兵の徴兵については、山県は国民を所得で上・中・下の三等に分け、上から下へと順次抽選によって徴兵するとしていた。当初想定されていた常備兵力量は五万人程度であり、国軍は事実上、士族ないしは地方名望家の子弟を中心に編成されることになる（「論主一賦兵」）。識字率を重視した現実的なプランである。国語能力が不十分だと、指揮命令系統は機能不全に陥りかねない。

他方、大村益次郎直系の山田顕義は徴兵制延期論を説いていた。八年から一〇年の準備期間を設けて士官・下士官などの人材を養成し、国民の教育レベルの向上を待って本格的な徴兵を開始すべしというものである。山県案はそれに比べるとまず徴兵ありきの議論であり、国民皆兵原則にこだわっていたのはむしろ山田の方だった。

陸軍卿就任

一八七三年（明治六）一月に制定された徴兵令では、家族制度を維持するためにさまざまな免役規定が設けられていた。代人料二七〇円の納付による兵役免除などはその最たるものである。山県は徴兵制を迅速に実施するためにこうした妥協策を採ったが、山城屋事件以来の省内の動揺は収まっておらず、彼は四月一八日にいったん陸軍大輔を辞任している。だが、陸軍省の瓦解を恐れた西郷や井上馨の調停によって、すぐに陸軍省御用掛を仰せ付けられ、ついで六月には陸軍卿に補せられている。

山県はこの昇任人事を喜ばなかった。同年五月、新たに参議に就任した江藤新平は各省委任事務を正院に引き上げる制度改革を行い、陸軍省は正院内閣の実権を握った参議の下請け機関となっていた（正院事務章程の改正）。大久保はこうした強引な制度改革には反対だったが、その一方で板垣とともに藩軍に軸足を置いた国軍建設も考慮していた。

実権なき陸軍卿では徴兵制軍隊を建設できない。徴兵制についての見識に乏しい参議連中にあれこれ指図されるのも腹立たしい。「昇任」とは名ばかりの、底の見えすいた懐柔策にすぎない。山県は江藤らの制度改革に強く抗議しており、結局は却下されたが、六月一三日には自らの陸軍卿任官を解くよう天皇に上表している。

明治六年政変

一八七三年、最初の徴兵は東京鎮台管下から始まり、段階的に日本全国へと拡大された。近衛兵は全国から集められ、雄藩連合軍としての性格は急速に失われていく。鎮台兵は、待遇の悪さから除隊を願い出る者が相次ぎ、徴兵による補充は焦眉《しょうび》の急であった。

一連の軍制改革は士族層の広汎な反発を招いた。また、新たに兵役を課せられた士族以外の平民の反発も大きく、各地で血税一揆が頻発した。こうした状況のなかで起こったのが、維新政権の大分裂、明治六年政変である。

事の発端は、明治新政府の外交使臣を朝鮮国政府が受け入れなかったことにあった。西郷や板垣・江藤はそれを口実に朝鮮への出兵を断行し、不平士族の不満をそらそうとした。西郷は自ら使臣となって朝鮮に赴き、かの国の非を鳴らすつもりであった。彼が開戦を企図していたかどうかについては諸説あるが、天皇の使臣への侮辱が開戦に繋がる可能性は相当高かったはずである。

八月一七日の留守政府の閣議でいったん内決された西郷の遣使は、岩倉の帰国を待って再議されることになり、紆余曲折を経た後、一〇月二三日の岩倉の反対上奏によって結局中止に追い込まれた。

西郷・板垣ら征韓派参議は一斉に下野した（二四～二五日）。これが明治六年政変である。衝撃は軍内部にも及び、西郷・板垣配下の将兵も一斉に帰郷した。創設間もない日本陸軍は崩壊の危機に直面した。

山県の権力的位置

政局が緊迫しつつあるとき、山県は西日本の四鎮台を視察していた。七月二〇日に命を受け、八月二一日に東京を出発し、姫路から長崎、熊本、小倉、下関を経て、広島、丸亀（香川県）を巡り、大阪から京都に出て帰京の途についた。だが、名古屋で病気療養を余儀なくされ、東京に着いたのは板垣・江藤が下野した翌日の一〇月二六日だった。

山県は東京を発つ前に西郷と会って、征韓には賛成だが時期尚早との意見を述べている。西郷がこれをどう受け止めたかは不明だが、山県の不在もあってか、征韓作戦は江藤や西郷・板垣といった参議によって練られている（『明治期日本の陸軍』）。帰京のタイミングも実に微妙で、政変の渦中から距離を置こうとしているようにも見える。

一〇月二五日には、伊藤博文工部大輔・勝海舟海軍大輔らが西郷らの後任として参議兼省卿に昇任している。実務に明るい省卿が国家的意思決定を担うという方向性が打ち出されたが（「大隈重信と征韓論政変（二）」）、陸軍卿だったにもかかわらず、山県には参議就任の声はかからなかった。

こうした状況のなかで、山県は思いきった行動に出る。一一月一一日、西郷従道陸軍大輔に対して陸軍卿辞任の意を示したのだ。山県はその理由として、「しばしば意見を陳述・上申しているのに、正院内閣からは可否の命すらない」ことを挙げ、今回の辞意は江藤らの制度改革に対する抗議だとし、陸軍から去る意思をも仄《ほの》めかしている。

山県に辞められたら、陸軍は瓦解するかもしれない。大久保や伊藤は山県を慰留して陸軍卿在任のまま参議に引き上げようとしたが、山県は頑として応じず、政府部内では山県の更迭も囁《ささや》かれ始めた。しかし、その政治的リスクはあまりに大きい。翌一八七四年二月、陸軍卿辞任を認められた山県は、近衛都督兼参謀局長に就任することになった。

なぜ、山県は西郷ら征韓派参議に呼応するかのような態度をとったのだろうか。西郷との個人的な友誼《ゆうぎ》もあっただろうが、それ以上に重視すべきは山県の権力的ポジションである。大久保らは藩軍に軸足を置く近代軍建設を考慮に入れており、木戸は陸軍省における軍人の台頭を快く思っていなかった。正院事務章程が再改正され、陸軍卿主導体制が制度的に保障されなければ、山県による徴兵制の導入は宙に浮きかねない。山県は自己の信念と錯綜する権力状況のなかで、深刻な政治的ジレンマに陥っていたのである。

3　西南戦争——外征論と士族反乱

佐賀の乱

一八七四年一月、板垣退助ら征韓派元参議を含む八名が左院に「民撰議院設立建白書」を提出した。自由民権運動の始まりである。さらに翌二月、もうひとつの危機が新政府を襲った。江藤新平ら佐賀県不平士族の暴発、佐賀の乱である。

二月一四日、参議兼内務卿の大久保は自ら兵権を掌握して現地に赴いた。彼は近隣諸県から士族兵を動員するとともに、東京警視庁の巡査（士族）を現地に派遣している。徴兵制を推進しようとしていた木戸や山県にとって、士族の動員は望ましくはなかった。だが、正規軍の兵力は不足しており、除隊を願い出る者が相次ぐ鎮台兵には多くを期待できず、彼らはこうした措置を黙認せざるを得なかった。

二月二三日、山県は征討参軍に任命されたが、現地に着く前に反乱は鎮圧された。江藤は三月に高知県で捕縛され、裁判の結果斬首に処せられた。大久保の勢威は全陸軍を圧した。しかし、政治的士族軍はかえって活性化し、今度は大久保自身が窮地に陥ることになる。

台湾出兵

一八七一年一一月、台湾南部に漂着した宮古島の漁民を先住民が殺害する事件が発生した。このとき、鹿児島県士族の間から台湾「蕃地《ばんち》」（先住民居住地域）出兵論が湧き起った。議論はいったん鎮静化したが、征韓断念と佐賀の乱をきっかけに再び燃え上がった。蕃地への出兵は先住民の「討伐」にすぎない、今度は外征で武勲を挙げ、士族の存在意義を政府にアピールしたいというのである。

一八七四年二月六日、大久保は台湾出兵の基本方針を閣議に諮《はか》ってその了解を得た（「台湾蕃地処分要略」）。これに木戸と山県は猛然と抗議し、木戸は山口に蟄居《ちっきょ》している。

蕃地は清国領ではないから出兵は国家間の戦争ではない。大久保はそうした理解にもとづいて、正院主導の出兵態勢を大急ぎで作り上げた。台湾蕃地事務局である。長官は参議兼大蔵卿の大隈重信が務め、その下の蕃地事務都督（外征軍司令官）には西郷従道陸軍大輔が着いた。それは文武混交型の組織であり、西郷も文官扱いされていた。

山県の外征反対論

山県と配下の鳥尾小弥太（長州出身、陸軍少輔）は出兵準備には非協力的であり、英米両国も反対の態度を示していた。

四月二九日、このような情勢を見た大久保は再度兵権を掌握して、長崎に集結した出征部隊（熊本鎮台と鹿児島士族）の進発を押し止めようとした。だが、手遅れだった。五月二日、軍の暴発を懸念した西郷事務都督は制止を振り切る形で出港した。そして同月一〇日、日本軍は台湾最南端の恒春半島に上陸を開始する。

山県は近代軍の建設にいまは注力すべきであり、いたずらに清国と事を構えるべきではないと考えていた。彼は政府要路に提出した意見書のなかで台湾からの即時撤兵を主張し、天皇にも同様の意見を上奏したが、それらはついに容れられなかった。「今日国家の事、遂に爰《ここ》に至る。痛哭《つうこく》流涕《りゅうてい》亦《また》及ぶなし」との山県の言葉（一八七四年七月「外征三策」）には、彼の苛立《いらだ》ちと怒りがよく表れている。山県は政策決定過程から完全に疎外されていた。

台湾出兵は惨憺《さんたん》たる失敗に終わった。清国は俄然《がぜん》態度を硬化させ、現地では日清両軍は一触即発の状況に陥った。七月九日、閣議は対清開戦も辞さずとの方針を決定したが、出征軍将兵の多くはマラリアに感染し、戦闘能力の喪失や軍紀の弛緩《しかん》も顕著だった。もはや一刻の猶予もならない。八月一日、正院内閣は大久保の清国派遣を決定した。

九月に北京で始まった談判は困難をきわめたが、一〇月三一日に日清両国に互換条約が成立した。清国政府は日本の出兵を「義挙」と認め、償金五〇万両の支払いに応じた。日本側の面目はかろうじて保たれた。

政治的復権

危機の増進にともない、山県の権力的位置も急速に好転する。八月二日、参議兼任を命ぜられた山県は閣議への出席には抵抗する一方、陸軍卿の権限を実務的に回復していく。

このまま政治的士族軍を放置すれば、国家は文字通り累卵《るいらん》の危うきに陥るだろう。大久保も木戸・山県との関係修復に舵《かじ》を切った。翌一八七五年（明治八）一一月の制度改革で、陸軍卿の権限は正式に回復された。山県は陸軍卿として軍事行政の実権を掌握しながら、太政官内閣の意思決定に直接的に関与できるようになる。

専門的技術官僚を数多く擁していた伊藤博文参議兼工部卿も山県同様の苦境に陥っており、同年五月には参議の辞表を提出している。以上の制度改革については伊藤も山県と立場を同じくしており、両者の連携も事態の好転に結びついていった（「参議兼工部卿伊藤博文と工部省の政策過程」）。

この間、一八七五年一月に大久保と伊藤・井上馨は木戸・板垣と大阪で会見し、木戸らは参議に復帰した。四月には「漸次立憲政体樹立の詔」が渙発され、立憲国家樹立の方向性が明確に示された。

その後同年九月には、朝鮮国との間に江華島事件──漢城（現ソウル）入口の軍事的要衝、江華島に接近した日本軍艦が守備兵と砲火を交えた事件──も起こったが、すでに不平士族の関心は内政問題に移りつつあり、板垣も再度下野して故郷に戻っていた。参議中にはかつての西郷・板垣のような不平士族の「利益代表部」はいなくなっていた。

士族の暴発エネルギーは溜まり続けており、一八七六年秋には九州・山口で散発的な武装蜂起が起こった。熊本神風連の乱、秋月の乱、萩の乱である。

萩の乱は前参議前原一誠が首謀者だったが、いずれも規模は小さく、相互間の連携もなく、鎮台兵が比較的容易に鎮圧している。問題は鹿児島県士族の動向だった。

鹿児島に戻った西郷は全国の不平士族の期待を一身に集めており、いったん彼が決起したならば、反乱は全国規模に拡大する可能性があった。

西南戦争の勃発

一八七七年（明治一〇）二月一五日、西郷率いる薩軍は鹿児島城下を出て一路熊本へと向かった。近代日本最大の内戦、西南戦争の始まりである。

山県は、西郷が決起すれば、熊本、佐賀、久留米、柳川、徳島、高知、鳥取、岡山、彦根、桑名、静岡、松代、大垣、高田、金沢、酒田、津軽、会津、米沢などの旧藩が呼応する可能性があり、館林、佐倉などの関八州の旧藩の動向も微妙だと考えていた（二月一二日、「西南事変作戦意見書」）。

幕末維新の政治過程に華々しく登場した諸藩が、次々に叛旗を翻すことが危惧されていたのである。山県から見れば、これは御一新に対する「反革命暴乱」だった。

内乱勃発直前の山県の戦略は、政府軍の軍事拠点を大阪に定め、陸海軍の進退分合を迅速・自在にするという考えに止まっていた。鹿児島の本拠を衝くことが望ましいが、当面は全国の動向を見定めるというのである（前掲「西南事変作戦意見書」）。これは当然の対応である。

両軍合わせて九万人以上の兵力が投入された西南戦争は、それまでの士族反乱の域をはるかに超えており、政府は混乱しながらも、事態の変遷に必死に対応していた。太政官の平時業務は東京に残されていたが、明治天皇は京都に行在所《あんざいしょ》（仮皇居）を設け、征討総督には有《あり》栖川宮熾仁《すがわのみやたるひと》親王が任ぜられた。山県陸軍卿と川村純義海軍大輔は征討参軍として現地軍の指揮を執った。

もっとも、戦略の策定には行在所に詰めていた大久保や伊藤も関わっており、戦線が膠着すると山田顕義司法大輔や黒田清隆開拓使長官といった他省使の陸軍軍人も野戦部隊の指揮官に任命されている。東京・京都と出先軍との間の指揮命令系統は往々にして混線した。国家も軍隊も建設途上で、よく言えば柔軟な、悪く言えば場当たり的な措置が執られていた。

田原坂の戦い

薩軍が海路東京を衝く可能性も山県は考慮していたが、開戦後まもなく、その企図は九州の制圧にあることが明らかになった。二月下旬、薩軍は早くも熊本城を囲み、ここに熊本城攻防戦が始まった。

参軍（現地軍司令官）の山県は正面軍を率いて、北方植木方面から熊本城の解囲をめざし、田原坂《たばるざか》とその周辺で薩軍主力と激突した。それは政府軍が籠《こも》る熊本城への補給ルートの争奪戦でもあり、両軍ともに相当数の銃砲を投入した一大火力戦でもあった。なかでも、田原坂一帯を見下ろす要地、横平山の争奪戦は熾烈をきわめ、ここを天王山と見て取った山県は、自ら山麓に赴いて剣を揮《ふる》って指揮を執っている（三月一五日、「第一旅団　西南戦記」）。

このとき、薩軍の抜刀突撃に対抗すべく、山県が内務省警視局の巡査部隊を前線に投入したことはよく知られている。士族出身者から成る徴募巡査である。これは徴兵制軍隊を国軍とする建前を左右しかねない措置であり、木戸をはじめとして政府内の反対論も根強かった。すでに警察は即実戦投入可能な士族を組織的に動員していたが、徴兵制軍隊と士族の警察との間には微妙な緊張関係が生じていた。

黒田清隆率いる警察部隊を含む別働第二旅団は熊本南方の八代方面に上陸して、薩軍の背後を突いて熊本城解囲のきっかけを作ったが、こうした背面軍の活躍もまた、山県を頂点とする陸軍武官の権威を揺るがした。

統帥の混乱

だが、もっと深刻だったのは、背面軍に対する兵力支援問題をめぐる大久保・黒田と山県・鳥尾小弥太参謀局長（行在所陸軍事務取扱）間の意見対立である。

正面軍による熊本城解囲にこだわる山県は、黒田参軍（三月一四日、新たに任命）からの追加的兵力支援要請を拒んだ。鳥尾は「天皇の特旨」を盾に、有栖川宮征討総督の頭越しに自己の命令を押し通そうとしていた。指揮命令系統は混乱し、事態は軍の統帥をめぐる黒田と山県、つまり薩長の対立へとエスカレートしていった。

四月一四日、熊本城の囲みは解かれ、ほどなくして黒田は参軍を辞任した。だが、戦後の論功行賞の過程で問題は再燃し、それは薩長間の融和とも絡んで、一八七八年の参謀本部設置の伏線の一つとなっていく。

その後、戦場は人吉から宮崎・大分県境の山岳地帯へと移っていく。すでに戦いは峠を越えていた。薩軍は西郷自ら陣頭に立った和田越の戦いにも敗れて、八月一六日には宮崎県の山間の地、長井村に包囲された。ところが、薩軍は可愛《えの》岳の絶壁を攀《よ》じ登って包囲を突破し、九州山地に踪跡《そうせき》をくらました。そして、忽然《こつぜん》と鹿児島城下に現れ、九月一日には城山《しろやま》に立て籠った。

　長井村での失態を繰り返してはならない。山県は慎重を期して、敗走の過程で分解し、すでに四五〇名ばかりとなっていた薩軍を十重二十重に包囲し、連日猛烈な砲撃を加えた。そして九月二四日の払暁《ふつぎょう》、ついに総攻撃が開始される。

西郷の死

　城山に徹底抗戦の陣を敷いた西郷に対して、山県は福地桜痴《ふくちおうち》（末松謙澄説もある）の筆になるという情義溢れた長文の書翰を送っている。

　「有朋が君〔西郷〕と相識《あいし》るや、茲《ここ》に年あり」。山県は冒頭でそう述べて、次のように続ける。君のことを深く知る自分から見れば、君に「異図」（謀反の心）などあろうはずもなく、また、今回の挙兵に名分がなく、勝機もないことは「老練明識」の君のよく知るところであろう。ところが、君が養成した「壮士」たちは時勢の真相を知らず、彼らの「不平の怨嗟《えんさ》」は「悲憤の殺気」となり、それはやがて「砲烟《ほうえん》の妖気《ようき》」を発し始め、ついには君の名望をもってしても制馭《せいぎょ》できなくなった。「故旧」（故郷の古い友人たち）に篤《あつ》い君としては、彼らをみすみす死地に赴かせるわけには行かず、すべてを承知のうえで一身を犠牲に供しようとしている。「嗚呼《ああ》、君が心事たる寔《まこと》に悲しからずや」と。

　山県は切々とこう述べ、これ以上死傷者を増やさないためにも、自ら処決することを西郷

西郷隆盛（1828～77）

に促した。書翰の末尾を山県は「涙を揮《ふる》って之を草す」と結んでいる。だが、山県の説得もむなしく、西郷は砲火のなかで傷を負い、自ら介錯《かいしゃく》を受けてその生涯を閉じた。

程なくして、西郷の首級が土中から発見され、岩崎谷を見下ろす山県の本営に届けられた。参謀の坂元純熙《すみひろ》が桶の水で洗って捧げると、山県は涙を催しながら、感無量の面持ちで「西郷の顔つきも以前と変わりない。この髭は三日剃り位だろう」と言って、その髭《ひげ》を撫でてから首級を第四旅団司令長官の曾我祐準に手渡したという（『山縣公のおもかげ』）。

官僚制的軍隊建設への確信

幕末維新のさまざまな政治的折衝や戦場での経験を重ねるにつれて、西郷に対する山県の敬愛の念は深まっていった。薩長間には誤解や軋轢もあったが、二人の信頼関係は途絶えなかった。若き明治天皇と近衛都督時代の西郷とがいわゆる君臣水魚《くんしんすいぎょ》の間柄にあったことは、山県もよく承知していた。西郷が賊将の汚名を被り、戦場で相まみえる運命に至ったことは究極の痛恨事だった。

夢の世とおもひすてにしゆめさめて　おきところなきそのおもひかな

のちに山県は当時を追懐してこのように詠った（『近代百人一首』）。すべては夢の世のことだと思いたいのだが、夢から覚めれば、置き所のない思いだけが残っているのである。西郷の悲劇は山県の政治的生涯にも大きく影を落としている。西郷のためには命を投げ出しても構わないというような、同郷人中心の濃密な人間集団を山県は配下にもたなかった。

やがて、山県は自分の派閥を擁するようになるが、それは政党勢力に対抗するための官僚閥であり、山県系文官官僚のトップは朝敵藩米沢出身の平田東助《ひらたとうすけ》と熊本出身の清浦奎吾《きようらけいご》という非長州人が占めていた。山県閥陸軍の権力中枢は桂太郎や児玉源太郎ら長州人が押さえていたが、彼らの山県との関係性は西郷と運命をともにした桐野利秋や村田新八のそれとは明らかに異なる。

近代官僚機構の頂点に君臨することになる山県を、その人柄から多くの人々を惹きつけた西郷と比較して優劣を論じても意味はない。西郷の悲劇的な運命に直面して、山県の近代軍建設への使命感はいっそう強まっていった。情念ではなく法治国家の枠組みのなかで駆動する軍隊、つまりは官僚制的軍隊の建設こそがこれからの日本には必要なのだという確信である。

一八七七年一〇月、山県は東京に凱旋《がいせん》した。そして翌七八年、東京府下目白の起伏に富んだ景勝の地を購入して、そこに広壮な邸宅を営んだ。明治政治史の重要な舞台となる椿山荘《ちんざんそう》である。

第3章　明治国家揺籃の時代――一八七八〜八七年

1　体制安定のための議会開設論

西南戦争の政治的インパクト

九州全域を舞台に八ヵ月間にわたって展開された西南戦争は、日本の政治地図を大きく塗り替えた。

西郷率いる薩軍の壊滅は徴兵制軍隊建設に対する最大の抵抗勢力の消滅を意味した。高知県でも西郷に呼応する動きはあったが事前に摘発され、首謀者の林有造《はやしゆうぞう》らは一斉に検束されている。もっとも武力討伐を免れたことで、高知県士族はその勢力を温存し、彼らのエネルギーは自由民権運動へと流れ込んでいく。この間、長州では木戸孝允が病没し、大久保利通もまた一八七八年（明治一一）五月に不平士族の凶刃《きょうじん》に斃《たお》れた。

こうして、伊藤博文と山県、大隈重信が政治の第一線に立つことになった。十分な権限をもった各省のトップが参議を兼ね、軍人や技術者などの声が政策決定過程に反映されやすくなり、山県陸軍卿や伊藤工部卿の発言力はいっそう強まっていく。

山県には追い風も吹いていた。ドイツで軍事行政の実務を学んだ桂太郎の帰国である。桂の助言によって陸軍省の組織的整備は急速に進展していく。官僚機構の効率化が進めば陸軍卿の雑務も減り、参議として国務に専念できるようになる。

伊藤博文（1841〜1909）

山県陸軍卿の時代が到来したかに思われた。しかし、事態は意外な変遷をたどる。

竹橋事件と軍人訓誡

一八七八年八月二三日、帝都を震撼《しんかん》させる事件が起こった。皇居の北西、竹橋に駐屯していた近衛砲兵大隊の兵卒による武装蜂起、竹橋事件である。暴発の原因は西南戦争での論功行賞が下士・兵卒に十分行き渡らなかったことにあった。事前に情報が漏れていたこともあって反乱はすぐに鎮圧されたが、この事件が山県に与えた精神的打撃は大きかった。彼は陸軍卿の任務を一時西郷従道に委ねて、しばらく転地療養している。

療養後の一〇月一二日、山県は全陸軍に「軍人訓誡《くんかい》」を頒布《はんぷ》し、「忠実、勇敢、服従」からなる軍人精神の三要素を抽出し、具体的な行動指針を示している。天皇への忠誠心の涵養と軍内からの政治談議の一掃は急務であった。もっとも、一片の訓戒で陸軍の空気が変わるはずもなかった。

自由民権派や陸軍内不平分子から見れば、山県ら薩長主流派は天皇を我が物とし、有司（官吏）専制を正当化している藩閥に他ならなかった。だとするならば、天皇を取り戻して、政治的正当性を奪い返して何が悪いのか。軍人訓戒を頒布しても、軍内での政治談議の風潮は収まらなかった。そしてその一部は、民権運動と連携する動きを見せ始め、薩長主流派を脅かすようになる。

参謀本部の独立

西南戦争で明るみに出た、有事の際の指揮命令系統の問題点も改善されねばならなかった。一八七八年一二月に作戦準備を司る軍令機関、参謀本部が参謀本部条例で設置され、さらに全国に三名の地方軍司令官、監軍部長を置き、各監軍部長は隷下の二個鎮台（のちの師団）を統率するという有事即応体制がとられた。これは過渡的な措置で、のちに各鎮台の戦力が充実してくると、八八年に監軍部長――鎮台制は廃止されている。

参謀本部の設置を主導したのは山県だが、「欧州一二文明国」は陸軍省に匹敵する規模の参謀本部を備えているから、日本もそれに倣うべきだという彼の主張は説得力に乏しい。行間からは参謀本部の創設を口実に、陸軍予算をできるだけ確保したいという思惑さえ読み取れる（山県「参謀本部設置の建議」）。

ところがドイツ帰りの桂太郎は参謀本部設置を重視していなかった。桂は軍事行政の充実、すなわち、陸軍省の充実・強化こそが急務であり、作戦・用兵を司る軍令はその残余業務にしかすぎないとした。軍事機密の名の下に軍令機関、参謀本部を大きくすることは、軍人政治という弊害を招く危険があるというのである。

桂 太郎（1848～1913）
長州藩出身．戊辰戦争従軍後，ドイツ留学．軍政で手腕を発揮し1886年陸軍次官，94年第3師団長として日清戦争に出征．台湾総督，陸相を経て1901年に首相．13年までに3度組閣．日露戦争時の首相

桂は木戸孝允や大村益次郎に目をかけられた俊才だった。実際、凱旋兵への気配りの欠如という軍事行政のあり方こそが竹橋事件の原因であり、桂の主張はきわめて説得力があった。

帷幄上奏権の問題

桂の懸念は杞憂《きゆう》ではなかった。参謀本部条例は、参謀本部長が内閣を通さないで直接天皇に意見を述べ、裁可を得ることを可能にした。いわゆる帷幄上奏権《いあくじょうそうけん》である。その後、陸軍卿や陸軍大臣も帷幄上奏を行うようになり、軍隊という巨大組織の維持・運営に関する軍政と軍令の相当部分が内閣のチェックを経ないで制定される制度上の問題が生じることになる。

もっとも、帷幄上奏権の濫用は政府と軍との相互的信頼関係があれば、事前に調整・回避することも可能だった。おそらく山県は藩閥内部、とりわけ薩長間の信頼関係を前提にこうした制度を設計したのだろう。このとき彼は黒田清隆らとの関係修復を模索しており、山県は桂の消極論を押し切って参謀本部を設置し、一二月の発足と同時に自らその長官たる参謀本部長に異動して陸軍卿の座を西郷従道に譲っている。つまり、薩長間の勢力均衡と融和を図っているのである（「統帥権の独立と山県有朋」）。

制度の意味は時代状況のなかで変化していく。省卿が参議を兼ねたことによる陸軍卿の権限を削《そ》ぐために、参謀本部を設置して実力組織の二分割を図ったとの解釈もできないことはない。さまざまな思惑が藩閥勢力内部で渦巻いていたなか、参謀本部の発足が軍部の台頭を招いたとすることはできない。山県がどこまで深慮遠謀を巡らしていたのか、考察の余地は十分あるだろう。

山県の軍事革命観——「地球上の変動転化」

鹿児島の半独立政権が壊滅し、中央の支配が同地に及んだのを待って、政府は一八七九年三月に琉球処分に踏み切り、沖縄県を設置した。清国はそれに強く反発し、日清間の緊張は高まった。こうした情勢のなかで、山県は本土防衛の急務を天皇に上奏している（一八八〇年一一月「隣邦兵備略」）。

欧州に始まる身分制軍隊の解体という軍事革命は「地球上の変動転化」となり、その衝撃はトルコよりペルシア・インドを経て清国から日本に及んだ。もし、清国が欧州の徴兵法に倣えば、戦時八五〇万人という途轍《とてつ》もない大陸軍を擁するようになる。この軍事力が「亜細亜《アジア》東方の強援」となれば頼もしいが、敵に廻すのは日本としては恐れ慎まねばならず、「互いに東方に対峙し永く和好を保つ」ことに勝る方策はない。

さらに、山県は壱岐・対馬などの島嶼《とうしょ》防衛の充実と関門海峡をはじめとする主要海峡の要塞建設を説き、強兵あって初めて「国民の自由」や「権利」、対等の交際や「互市の利益」も保障されるとする。軍事力の後ろ盾がなければ、経済成長も覚束ないというのである。

ここでの山県の主張は対外侵略ではなく自国防衛であり、その富国強兵論は対外膨張論とは一線を画している。また、意外なことに朝鮮についての言及はない。一八七六年の日朝修好条規によって、日朝両国は国交を結んでいたが、朝鮮は清国の冊封体制と西洋の国際法秩序の間に位置しており、山県もしばらくは事態を静観せざるを得なかったのである。

山県の立憲政体論

さて、徴兵制の円滑な実施には、戸籍や納税システム、地方行政制度の整備が不可欠だった。山県は徐々に国制全般について視野を広げていく。

当時、地租改正（一八七三年）と三新法の制定（一八七八年、郡区町村編制法、府県会規則、地方税規則）による地方社会の混乱は甚だしく、徴兵制反対一揆も各地で頻発していた。

市場経済の浸透により、多くの士族や農民が困窮する一方で、豪農層は西南戦争にともなう米価高騰で富を蓄積し、政治活動に邁進《まいしん》するだけの経済力を獲得していた。自由民権運動は高揚期を迎えようとしており、一八七八年四月、高知の立志社は全国遊説を開始し、九月には愛国社再興第一回大会が大阪で開かれ、以後、地方政社を次々に糾合して国会開設運動を展開していく。

こうした動きに対応すべく、政府は各参議に立憲政体に関する意見書の提出を求めた。それにいち早く応じたのが山県であり、一八七九年一二月に「国会開設に関する建議」を提出する。

山県の建議はまず民心が政府を離れつつあることを率直に認め、その原因として三つ挙げている。

第一に、改革があまりに急進的で前後のバランスを欠き、往々にして外形の変化にとどまっていることである。これはこの時期一貫した山県の認識であり、一八七七年一二月の「陸軍定額減少奏議」にも同様の指摘が見られる。

第二に、変革の過程で経済的に没落した者が多かったことである。

第三に、法律によって社会を維持しようとして道徳・習慣の退廃を招き、民権思想の流入がそれに拍車をかけたことなどを指摘したうえで、こう断言する。民心を得るには、ただ「国憲を確立するに在るのみ」と。

急進主義をいかに回避するか

国憲とは国の根本の法、つまり憲法である。国憲確立の鍵となるのは「行政・議政・司法の三権分立」を厳正にし、行政権の突出を抑えることであり、そのためには「民会」、つまり議会の開設が必要となる。

山県は次のように述べる。議会開設は「国憲制定の頭脳を作る」に等しく、即時開設はリスクが大きい。まずは、府県会議員のなかから「徳識ある者」を選んで「特撰議会」を開き、ここで「国憲の条件」について議論し、各種立法作業にも従事させ、その習熟を待って初めて特撰議会の名称を「民会」に改めればよい。それまでは議会の「集合解散」は政府が専決し、議決についてもそれを取捨選択する権限は政府にある。

府県会は府知事・県令の諮問機関として一八七八年に設置され、直接制限選挙によって議員は選出されることになっていた。

山県は府県会設置から特撰議会の招集という経路を考え、民間の意見を憲法制定過程に反映させようとした。特撰議会など政府の諮問機関に過ぎないとも言えよう。だが、そこには制度的進化、つまり民会への発展という仕組みも埋め込まれている。

山県は議会制度への段階的習熟によって、明治維新以来の急進主義の弊害を除去し、民心も緩和できると考えていたのである。黒田清隆や山田顕義といった他の陸軍関係者の建議には、ここまで議会開設に前向きな議論はない。

山県の立憲政体論は、地方社会の急速な安定化とそれを担うことができる「徳識ある者」の輩出を前提としていた。こうした構想のもとに、山県の関心は徐々に地方自治制度へと向かっていく。

自由民権運動と四将軍派・中正党の結成

自由民権運動の高揚は言論の時代の到来を意味したが、政治的実力行使の気風がなくなったわけではない。

幕末の農兵編成や廃藩にともなう藩主から家臣への銃器の下賜《かし》によって、各地の村々や旧士族社会には相当数の軍用銃が隠匿《いんとく》され、山県ら陸軍当局はその回収を進めていた。もちろん、西郷の薩軍に比べればその脅威は大きくはなかったが、軍用銃の流出は民権派が唱えていた人民武装論（徴兵制反対論、七四頁参照）の社会的受け皿となる。旧来の村落秩序が動揺・崩壊するなかで、農村社会には政府の介入を求める声もあったが、自力救済の気風もまた残っていた。

政府内では西郷の横死が余韻を響かせていた。明治天皇の精神的喪失感は大きく、政務に不熱心になり、天皇と伊藤をはじめとする薩長主流派との間にも隙間《すきま》風が吹き始めた。

薩長主流派内も動揺していた。大久保没後、伊藤の台頭は目覚ましかったが、それに反感をもった黒田清隆ら一部の薩派は、しばしば海軍に拠って長州閥を牽制しようとした。宮中では佐佐木高行《ささきたかゆき》をはじめとする天皇側近グループが、薩長主流派の間隙を衝《つ》いて天皇親政を実現すべく動き始めていた。

陸軍内部にも分裂の兆《きざ》しがあった。土佐出身の谷干城《たにたてき》を筆頭とする四将軍派（谷、鳥尾小弥太、三浦梧楼、曾我祐準）の形成である。彼らは山県や桂太郎らの長州閥主流派と対峙するようになった。

そのきっかけは、長崎梅ヶ崎墓地改葬事件を糾弾した谷の建議だった。台湾出兵時の戦病死者の遺骨を長州閥系の県当局が粗略に扱ったことに憤って、谷はこうした挙に出たのである。

動機はともあれ、谷の建議は軍人の公然たる政治介入であり、谷自身もその非を認めて陸軍中将の辞任を申し出ている。だが、谷への天皇の信任はきわめて厚く、辞表はすぐに却下された。そして、これに力を得た谷とその周辺はかえって政治的に活性化し、彼らは四将軍の名で「国憲創立議会開設の建白」（四将軍建議）を要路に提出し、佐佐木らと合流して、国権恢復《かいふく》の名の下に藩閥勢力を糾弾する政治結社、中正党を一八八一年九月に結成する。

2　武弁から有司へ——法制への関与

明治一四年の政変

こうした状況のなかで起こったのが明治一四年の政変である。

それは大隈重信の追放劇であり、憲法制定と財政政策をめぐる明治政府の再分裂であった。一八八一年（明治一四）一〇月一一日に伊藤らは九年後の国会開設を急ぎ公約した。同年三月に提出された大隈の建議では、政党内閣制を導入して、議会第一党に政権を担わせなければ政治は行き詰まるとし、年内の憲法制定と二年後の議会開設という急進的な目標が設定されていた。大隈の建議は宮中で秘密裏に行われており、それを知った伊藤らは権力奪取の陰謀の匂いを嗅《か》ぎ、大隈追放に踏み切ったのだ。

大隈が考えた政党内閣制では、軍部大臣は「中立永世官」とされ、軍人が政党に関与することは固く禁じられていた。つまり、政党の統制下に軍を置こうとする意図はなかったのだが、山県から見れば、政党内閣制の採用それ自体が「国軍の政治からの分離」という大原則を骨抜きにする行為だった。

他方、中正党グループは民権派とは一線を画していたが、その影響力は陸軍はもとより、宮中・官界・言論界にまで及んでいた。伊藤・山県らが大隈免官時に行った一〇月一一日の奏議では、あらためて軍人の政治不関与原則が強調されている。四将軍や大隈建議の彼らに与えた衝撃のほどがうかがわれる。

翌一八八二年、天皇の名で軍人勅諭が発せられた。そこでは軍人の政治不関与の原則と軍人精神の涵養が強く謳い上げられていた。

伊藤の留守を託される

明治一四年政変をきっかけに、伊藤・山県ら開明的な長州閥はより効率的な意思決定制度を創出すべく、省卿を国務大臣とする内閣制度を模索し始める。ところが、四将軍をはじめとする中正党グループは元老院強化論でそれに反対し、結局、参議・省卿兼任制が復活し、山県は参謀本部長として参議を兼任した。

このとき、太政官内閣に法律・規則の制定および審査を司る参事院が設けられ、参事院の初代議長には伊藤が就任し、伊藤が憲法調査のため洋行すると、一八八二年二月山県がその後を襲った。山県は伊藤の留守を託されたのである。

伊藤と山県の信頼関係には特別なものがあった。参謀本部長という軍令機関のトップが国家の最高意思決定に加わることには閣内に異論も多かったが、山県抜きの国政運用など考えられない。反対論を押し切ったのは伊藤だった。もっとも、参議兼参謀本部長による参事院議長の兼任には過度の権力集中を懸念する声もあがっており、このとき、山県は参謀本部長の任を解かれて「参謀本部御用掛」となっている（伊藤『山県有朋』）。

もはや山県は「一介の武弁」、つまり、取るに足らない軍人ではなく、ひとかどの官僚、当時の言葉で言えば「有司」であった。彼は参事院議長として、さまざまな法令・規則の制定・審査や府県会の紛争裁定に関与するようになった。そしてこれをきっかけに、地方自治への関心をいっそう深めていった。

とりわけ注目すべきは、山県が皇族令制定に深く関わっていたことである。山県は皇統断絶を回避するために「四親王家」の将来的な廃止とも解釈される条文を皇族令から削除している（一八八三年七月「皇族令を定むるの議」）。四親王家とは北朝系の伏見宮家と、そこから分かれた有栖川宮・閑院宮・桂宮の各宮家を指す。のちの旧皇族一一宮家の源流である。

皇位は一四世紀の南北朝の動乱の結果北朝系が継承していたが、山県はその現実を容認・擁護していたのである。はるか後年の一九一一年、山県は南朝正統論を唱えて世を震撼《しんかん》させるが、彼のなかでは現実の皇統のあり方と大義名分論とは分離していたことがうかがえる。

自由党人民武装論との対峙

一八八一年一〇月、国会期成同盟（旧愛国社）は自由党に発展的解消を遂げ、総理に板垣退助を推戴《すいたい》した。翌年には大隈が立憲改進党を創立する。自由民権運動はそのピークを迎えようとしていた。そして、世界各国の草創期政党政治がそうであったように、民権運動にも一定の暴力性が付きまとっていた。

一八八二年四月の岐阜での板垣暗殺未遂事件に際して、名古屋周辺の自由党系壮士集団では武装蜂起の機運が高まった。また、民権派が議席を獲得した府県会は「議会政治の学校」

どころか、地方利益が激突する場となり、同年一一月の福島事件に見られるように、官選知事との対立はしばしば官民双方の実力行使をともなった。自由党の本部や各地方支部には有一館（東京築地）や凌霜館（多摩）といった武道錬成組織が設けられ、彼らはそこで各種武術の鍛錬に余念なく、藩閥政府との武力衝突に備えた。

一八七三年に始まった徴兵制度は、本来四民平等原則に立脚した「血税の良制」であり、租税を負担して徴兵の義務を負う者だけが、「人民自治の精神」を涵養できる。自由党の前身である高知の立志社は、徴兵制を民主主義の枠組みのなかにそう位置付けていた。つまり、「専制政府」には徴兵制度を行う資格はないのであり、その場合、人民は自ら武装して自由と権利を守らねばならない。

自由民権運動が藩閥政府を専制政府と見なしている限り、反常備軍的思想、義勇兵構想は運動内部で再生産され続ける。各地の私擬憲法草案が義勇兵制を採用した所以である。山県にとって板垣率いる自由党はまさに不倶戴天《ふぐたいてん》の敵であり、自由党にとっても山県は「政治的反動」以外の何物でもなかった。

朝鮮問題の再燃――壬午事変

さて、台湾出兵が日清開戦の危機を引き寄せて以来、太政官政府は内外政の連動を慎重に回避し続けていた。しかし再び、内政と軍事・外交は連動する気配を示し始める。

一八八二年七月二三日、朝鮮の首都漢城で旧軍のクーデターが勃発した。いわゆる壬午《じんご》事変である。時の閔《ミン》氏政権は日本人軍事教官を雇って西洋式軍隊を作ろうとしていたが、解散を予定されていた旧軍が反乱を起こして、日本人教官を殺害し、日本公使館を焼き打ちしたのである。

日本の国内世論は激昂し、旧士族社会を中心に開戦論が湧き起こった。黒田清隆ら薩派は強硬論を唱えて政府に迫った。

八月七日、山県は参事院議長として閣議を招集し、黒田を抑えて井上馨外務卿による外交交渉に解決を委ねた。山県らは清国の介入は外交レベルにとどまるものと考えていた。ところが、その直後の八月九日に清国側の出兵方針が明らかとなり、閣議は恐慌状態に陥った。右大臣岩倉具視は開戦不可避と考え、陸海軍軍備の充実を訴えた。

山県の受動的開戦論

山県は覚悟を固めた。もし、清国と朝鮮が干戈《かんか》に訴えるなら、日本は全力でこれに立ち向かうだろう。清国の近代的軍備は整備途上であり、幸いにもわが国軍隊には勇敢な武士的気風がまだ残っている。だとするならば、いまこそ「彼と戦うべきの時機」なのではないか（八月一九日、山県建議。『三条実美関係文書』76－6）。

山県の建議は一見強硬だが、あくまでも「万已《ばんや》むを得ざる」受け身の反応だった。したがって、暴動を教唆《きょうさ》した大院君が清国軍によって身柄を確保されると山県の議論も自ずと落ち着いていく。

八月三〇日、清国が朝鮮政府に対日妥協の圧力をかけたことにより、日朝間に済物浦《さいもっぽ》条約が成立した。朝鮮政府は事実上の賠償金支払いに応じ、さらに、公使館警備のための日本軍守備隊の駐屯を認めた。これは花房義質《よしもと》公使の独断によるものだったが、清国も同一の駐留権を得た。その結果、首都漢城で日清両軍が直接対峙することになった。

山県には朝鮮の独立を武力で貫徹する意思はなかった。朝鮮と修好条規を結んだ欧米各国に独立国と認定させるのが望ましいが、そのためには内乱を鎮圧できる実力を朝鮮自らが備えねばならない。

折から来日した朝鮮使節は日本に軍制改革を「情訴」していた。これに応える形を取れば清国も文句は言えまい。山県は国際法の枠組みを利用して、合法的に朝鮮を清国からの完全独立に導こうと考え始めた(「壬午事変結了後政略」)。漢城の日本軍は一部撤退を開始した。

甲申事変——清国軍との衝突

壬午事変の一部始終を通じて、山県は右大臣岩倉や参議伊藤・井上とよく連携して事態を収拾していた。この時期、山県はほぼ一貫して「外交政略はなるべく平和穏当の針路を取ること」を唱えている(一八八三年六月、山県「対清意見書」)。もっとも、漢城からの撤兵は日清両国の相互不信によって中断し、両軍が直接対峙する不穏な状態はその後も継続した。

その後朝鮮では、金玉均《きんぎょくきん》ら急進開化派の独立党が守旧派政権打倒のための軍事クーデターを画策し、在朝鮮日本公使館はそれを直接援助していた。伊藤・井上を中心とする政府は未然に抑えようとしたが、一二月四日、独立党は現地日本官憲と結託してクーデターを起こした。いわゆる甲申《こうしん》事変である。竹添進一郎《たけぞえしんいちろう》公使は日本軍守備隊とともに王宮に侵入し、清国軍と砲火を交えた。だが衆寡敵せず、日本軍は敗走し公使館は兵火に焼《や》かれた。

天津条約体制

日本の国内世論はまたも沸騰した。朝鮮独立党に同情的な福沢諭吉ら開明派知識人はもとより、自由民権派や不平士族からは義勇兵運動も沸き起こった。政府が動かないのなら、自ら武器を執って朝鮮に赴かんというのである。

政府内部では樺山資紀《かばやますけのり》ら薩派中堅軍人グループが主戦論を唱えて要路に迫った。だが、伊藤・井上は清国との宥和を模索し、山県も同調した。国土防衛すら覚束ないなかで、自ら進んで戦端を切って落とすわけにはいかないのである。

一八八五年四月、伊藤博文と李鴻章との交渉の結果、日清両国間に天津《てんしん》条約が成立した。その骨子は以下の三つである。1、日清両軍は速やかに撤兵すること、2、今後、出兵を余儀なくされた場合には、お互いに事前に通告し合うこと、3、事変収拾後は速やかに撤兵すること。

当初、山県は清国が天津条約の個条を犯すならば、わが国はこれを黙過できないと述べていた（一八八八年「軍事意見書」）。しかし、シベリア鉄道の建設が本格化すると、日清両国の派兵権はすでに事実上封印されているとの解釈に立つようになる（一八九〇年「外交政略論」）。解釈の微妙な揺れは天津条約体制の不安定さの表われであった。

先島諸島視察

天津条約によって、朝鮮における日清両国の武力衝突リスクは軽減された。ところが極東における英露対立が表面化し、一八八五年四月一六日、英国海軍はロシアの南下に先手を打って朝鮮半島の南端、巨文島を占拠した。

日本政府は井上馨外務卿を中心に朝鮮政策を大きく転換し、朝鮮への清国の影響力拡大を黙認する対清宥和外交へと舵を切った。清国の危険負担によって、ロシアの南下を食い止めようというのである。

巨文島と五島列島・対馬は一衣帯水であり、幕末にはロシア軍艦が対馬を半年間にわたって不法占拠したこともあった。上記二島嶼に加え、日本列島周縁部、沖縄先島諸島の防衛体制の整備はここに喫緊の課題となる。

当時、清国は急速に海軍力を拡大し、ドイツ製甲鉄戦艦「定遠」「鎮遠」を擁する北洋艦隊の脅威は大きかった。山県や伊藤、陸相の大山巌はこの頃相次いで島嶼部への視察旅行を行っており、山県などは一八八六年二月から三月にかけて南西諸島の最西端である与那国島まで足を延ばし、尖閣諸島と推測される無人島を経て五島列島から対馬へと向かっている。清国軍の気配はなかったが、だからと言って「辺防」（国境防衛）をゆるがせにはできない。帰京後の六月に山県は、沖縄・南西諸島の産業奨励と防衛体制の整備、軍艦による定期的な巡視活動を提言している。

長崎事件

山県の懸念は的中する。ただし事件が起こったのは列島周辺部どころか、九州最大の要港長崎であった。

一八八六年八月一〇日、定遠・鎮遠を主力とする北洋艦隊の四隻の軍艦がウラジオストクから長崎に寄港した。そして一三日に事件は起こった。休養のため上陸した水兵が丸山遊郭などで日本人巡査と衝突、それをきっかけに二日間にわたって一般住民をも巻き込んだ騒乱が起こり、双方に多数の死傷者が出た。いわゆる長崎事件である。

事件の処理は難航した。定遠・鎮遠に対抗できる甲鉄戦艦を日本は保有しておらず、清国側の威圧的態度の前に日本政府は抗議を抑えざるを得なかった。事件関係者は日清両国が自国の法律で裁くことになり、双方の死傷者には自国政府からそれぞれ見舞金が支払われた。

長崎事件に日本朝野は憤激した。「急報一度至るや、朝野は愕然《がくぜん》として長年の迷夢から目覚め、国防充実の急をにわかに感じるようになった」。山県はのちにそう回顧している。多くの日本人はこのとき初めて清国の軍事的脅威を実感したのである。

海軍拡張と民力休養

藩閥政府は軍備拡張と対外侵略を志向しており、民力休養とアジア連帯を模索していた自由民権運動と鋭く対立していた。こうしたイメージは一九九〇年代半ばまでごく一般的だった。だが、実証研究の積み重ねによって歴史像は大きく変わりつつある。

長崎事件後、日本では清国北洋艦隊の脅威を官民ともに痛感し、海軍拡張は共通の政策課題となった。民力休養の必要性は藩閥政府も十分認めていた。山県も大蔵卿松方正義のデフレ政策による農民の困窮に危機感を募らせ、農民の疲弊は「治安上に妨害を為し、国力を萎《い》靡《び》する」ことと「窮困士族の比」ではないと述べている（一八八五年二月、山県「地方経済改良の議」）。

この間、陸軍は平時七個師団態勢の整備に汲々としていた。一八八八年、師団司令部条例によって全国の六鎮台は各鎮台の兵力充実を待って一斉に「師団」と改称され、近衛師団と合わせてここに七個師団態勢の枠組みがようやくでき上がった。鎮台制から師団制への転換は、敵軍を上陸地点で撃滅するための国土防衛体制の強化そのものである。

当時の陸軍は内乱鎮圧のため治安維持軍から国土防衛軍へと脱皮しつつあり、師団制への移行は、日本陸軍が「大陸侵略態勢」をとったことを意味するわけではない。

3　自治元来是国基――内務卿就任

陸軍主流派の形成

一八八四年頃から、日本陸軍はドイツ陸軍への傾斜を深めていた。その結果、陸軍内部には「ドイツ派」とでも呼ぶべき新たな主流派が形成され始める。山県・大山―桂・川上操六―児玉源太郎・寺内正毅らによるグループである。当時、師団制度の導入に向けて、監軍の廃止や統合参謀本部の設置など、さまざまな制度改革が試みられていたが、それは改革の是非や人事をめぐる陸軍内部抗争のきっかけとなった。

一方、対清宥和外交へ大きく舵を切った外務卿の井上馨は軍備縮小論を唱えていた。陸軍定員をわずか二万人に縮小し、その範囲内で軍備の充実を図るというのである。井上は義勇兵制度の採用による常備兵力の縮小を論じていた四将軍の一人、三浦梧楼に接近し、一八八五年八月から一〇月にかけて三浦の軍中央への引き抜きを画策していた。

この頃、政治的自我に目覚めた明治天皇も四将軍派に好感を抱いており、三浦の参謀本部長への抜擢や鳥尾・谷・曾我の監軍への起用を政府に促していた。

大山 巌（1842〜1916）

川上操六（1848〜99）

これ以上事態を傍観することはできない。山県はすでに一八八三年一二月から参議兼内務卿となっていたが、八五年八月に参謀本部長兼任をやめ（後任は熾仁親王）、自ら「参謀本部御用掛」に就任し、井上や三浦の動きに対抗するため大山参議や川上参謀本部次長と連携して事態の打開を図った（伊藤『山県有朋』）。結局このときは、大山の抗議上奏によって軍縮は中止され、七個師団態勢はかろうじて維持された。だが、火種はなお燻っていた。

明治一九年の陸軍紛議

一八八六年（明治一九）三月、参謀本部長の下に陸軍部次長と海軍部次長を隷属させる制度改革が行われた。いわゆる「統合参謀本部」（大沢博明）の設立である。それは西郷従道の発案によるもので、川上は参謀本部次長から退き、後任には四将軍派の曾我祐準（元参謀本部次長）が着任した。

この人事に政治的意図はなかったようだが、曾我が四将軍の一人であったことが権力闘争に火を点《つ》けた。川上と意気投合していた桂は、川上の異動を政治的文脈で解釈し、統合参謀本部の廃止に向けて運動を開始する。事態は薩長主流派と四将軍派との全面対決にエスカレートしていった。両派は監軍の廃止や進級条例の改正問題をめぐっても激しく衝突した。

結局この権力闘争は、大山陸相（一八八五年一二月の内閣制度の導入により、陸軍卿は陸軍大臣と改称）を支持する薩派が「一斉辞任」の圧力をかけたことで決着がついた。

統合参謀本部は廃止され、その他の制度改革でも主流派の意思が貫かれ、三浦と曾我は休職処分に付せられ、四将軍派は陸軍から追放された。これを明治一九年の陸軍紛議という。だがそれは、彼らに新たな政治的活動の場を与えたに等しかった。

桂太郎の台頭

内相の山県は当初状況を観望していたが、権力闘争が陸軍を二分するようになると、大山の側に立って事態の収拾に乗り出している。山県は陸軍の分裂をなによりも恐れていた。最終的に大山が勝利したのは、伊藤・山県・井上ら長州閥主流派との連携が威力を発揮したからである。山県は伊藤と同じく、この紛議では調停者として振る舞っていた。一方、次官同士の連携を図り、四将軍に包囲網を敷いた桂の活躍ぶりは際立っており、彼は長州閥陸軍のなかで三浦に代わってナンバー２の位置を占めるようになる。

桂は上級士族出身であり、小姓として毛利侯に近侍し、明倫館への入学もすんなりと許可され、戊辰戦争ではおもに「クーリエ」（伝書使）的な役割を担っていた。ドイツへ私費留学して軍事行政の実務的研修に勤しんだが、そこで相当な語学力を身に付け、さらにキリスト教文化に深く親しむようになる。あまり知られていないが、帰国後も桂は自宅で祈禱会を主催し、一時はキリスト者として洗礼を受けることを決意していた（『近代日本の外交と宣教師』）。

山県と桂の生育環境や文化的背景の違いは大きかった。二人の政治的方向性が一致している間は桂は山県の庇護を受けていたが、桂が実力を付けてくるにつれ、両者の関係は徐々に疎隔《そかく》していく。

三大事件建白運動と保安条例

一八八七年七月、一年余に及ぶ欧米視察旅行から帰国した谷干城は、自ら参内して伊藤内閣の失政を糾弾する上奏を行った。休職中とはいえ谷は現役陸軍中将であり、これは軍人の政治関与の最たるものである。

谷の上奏は、曾我祐準・鳥尾小弥太らかつての同志はもとより、佐佐木高行ら天皇親政論者や星亨《ほしとおる》・片岡健吉《かたおかけんきち》といった自由党系に至るまでの幅広い国民的共感を呼び起こした。激化事件によって逼塞《ひっそく》状態にあった民権派も息を吹き返した。星や片岡は壮士を東京に動員して、一気に革命的騒擾《そうじょう》を引き起こそうと試みた。いわゆる三大事件建白運動である。三大事件とは外交失錯の挽回、言論集会の自由、地租軽減を指す。

東京市内には仕込み杖《づえ》（刀身を仕込んだ杖）を携えた壮士が充満し、爆弾テロの噂も頻々《ひんぴん》と流れていた。星や片岡は元老院を動かして上書を天皇に奉呈して、伊藤首相に辞職を迫るつもりでいた。危機は目前に迫っていた。

このとき治安を司る内相の山県は、皇帝暗殺を目論む革命家たちの集団、ロシア虚無党に対する弾圧法規を配下の内務省警保局長の清浦奎吾に研究させ、新たに保安条例を制定して自由党に痛撃を加えた。

山県は逡巡する警視総監三島通庸《みしまみちつね》を叱咤し、帝都中心部を憲兵・警察官で固めたうえで、一二月二五日、旧自由党員四五一名を皇居から三里（約一二キロメートル）外に追放する。三大事件建白運動は一瞬にして潰《つい》え去った。

もっとも、保安条例はあくまでも追放処分であり、追放を拒まなければ収監されなくてすんだ。薩派では戒厳令、すなわち、軍法による治安維持を促す声も上がっていたが、山県はそれを慎重に回避して保安条例を制定した。しかも現場の意見を容《い》れて、自由党員の監視と追放には憲兵ではなく警察官を当たらせている（「保安条例以来の追懐」）。山県は軍隊の政治利用をなるべく避けようとしていた。

三大事件建白運動は山県に大きな教訓を与えた。地域社会が安定していれば、帝都で騒擾事件が起こってもその政治的影響は抑えられるのである。

自治元来是国基

話を憲法制定に戻そう。周知のように、この大事業を担ったのは伊藤博文である。彼は一八八二年（明治一五）三月に日本を発ち、八三年八月に帰国するまで、ドイツ・オーストリアを中心に一年半の長きにわたって欧州で憲法調査に従事している。一方、長州開明派のもう一人の雄、井上馨は外務卿として条約改正に取り組んでいた。

それでは山県は、憲法制定と条約改正という国家的課題にどのように関わろうとしていたのだろうか。

一八八三年一二月の内務卿就任以来、山県の問題関心は憲法・地方自治・徴兵制の制度的連携に向けられていた。問題は一八九〇年という議会開設のタイムリミットにあった。それまでに、廃藩置県以来の過度の中央集権を補正し、地方分権を軌道に乗せて、中央政局の波動が地方に及ぶのを防がねばならない。こうして、山県の関心は地方自治制度に絞られていく。

地方自治は「立憲制の学校」であり、憲法という国家の基本的枠組みは確固たる地方自治の上に築かれるべきだ。山県は条約改正を実現するためにも、ドイツ、とりわけプロイセンの自治制度の形体に準拠した「自治法案」を作っておかねばならないと考えていた（山県「徴兵制度及自治制度確立の沿革」）。

また、地方自治は徴兵制を円滑に実施するためのシステムでもあった。山県は当時を回顧して、「独逸の徴兵令は如何にも岩壁の内に崛起《くっき》せる樹木の如きを直感」したと述べている（『米村靖雄日記』一九一六年五月二四日）。言うまでもなく「岩壁」とはドイツの地方自治制のことを指す。

山県の立論の背後には、伊藤や井上に対する強烈なライバル意識があった。「自治元来是国基」（「自治は元来国の基である」）、山県内務卿はそう喝破し、市町村―郡―府県という三層構造の地方自治制を構想した。まず、民衆生活に密着した市町村に自治を導入し、それから郡・府県レベルで広域自治を行なうという「ボトムアップ」方式（瀧井一博）である。注目すべきは各レベルにおいて、直接選挙による議員公選を予定していたことである。

プロイセンは軍国主義国家であり、それゆえに山県もまた軍国主義者に他ならない。そうした議論はいまでも耳にする。だが、ドイツ本国でのプロイセン再評価もあって、近年日本でも多様なプロイセン国家像が提示されるようになった（『ドイツ・ナショナリズム』）。山県は軍国主義者だというイメージは、精査・更新される必要がある。

井上毅の反駁——府県自治の無効化

山県とは異なり、伊藤や彼の憲法制定作業に協力していた井上毅《こわし》、そして当時の立法諮問機関たる元老院の議官の多くは、憲法を先行的に実施して地方制度はその後に整備すればよいと考えていた。

彼らには、地方自治は地域の歴史的伝統の上にしか生まれないという確信があった。政策的・法制的に上から創出しようとしても、それは必ず失敗に終わるだろうというのである。

一八七三年の地租改正によって、すでに幕藩体制下の村落自治は消滅していた。山県が主張した地方自治制の基盤である「町村自治」の実現には、旧村落の合併によって、ある程度の大きさと人口を持つ町村を政策的に創り出す必要があった。一八八八年四月の市制・町村制公布後に、町村合併があわただしく行われたのはそのためである（『町村合併から生まれた日本近代』）。山県はそうしたリスクを冒してまでも、自治の創出に賭けねばならないと考えていた。

井上毅は舌鋒《ぜっぽう》鋭く山県の地方自治構想に反駁《はんばく》を加える。自治の精神は君主制とは原理的に相容れず、民心の動揺は「市町村－郡－府県」という経路を通じて、必ずや国政レベルに逆流するだろう。つまり、人民による中央政府への介入を招き、結果的に共和政治をもたらしかねない。市制・町村制レベルの自治は認めても、それらと国政との間には官治主義にもとづく府県制・郡制という緩衝システムを挟み込まねばならない。

伊藤や井上毅は新たな府県制・郡制の立案に着手しており、山県と内務省は徐々に守勢に追い込まれていった。局面を打開するためには、思い切った身の処し方が必要であった。

第4章　総理大臣、枢密院議長

1　最初の組閣——第一議会を乗り切る

二度目の外遊

一八八八年（明治二一）一二月、山県はあわただしく外遊へと旅立った。その目的は二つあった。一つは欧米諸国、特にドイツ・オーストリアで地方自治を再調査し、同地の碩学《せきがく》に学んで自らの理論武装を図ること、もう一つは、本土防衛用海岸砲台をおもにイタリアで現地視察することである。

山県一行はインド洋・地中海経由でマルセイユに上陸し、パリからイタリアを訪問して、スイスを経てドイツに入った。そして一八八九年二月一一日、ベルリンで大日本帝国憲法発布の報に接した。さらに、オーストリアからロシアに移り、ドイツ、ベルギー、フランス、英国と巡って、八月に北米大陸経由で帰途についた。

余談だが、山県は陸奥宗光駐米全権公使や金子堅太郎と一緒にペンシルベニア州デラウエア・ウォーターギャップに避暑に出掛け、両人から米国事情の詳細を聴取し、米国研究の重要性を痛感したという(「第一議会前後に於ける公の苦心」)。そのちに触れるように、陸奥は藩閥にとって取り扱いの難しい「危険人物」でもあった。その陸奥と山県が米国で交流していたという事実は、山県の政治家への転身ぶりを示していて興味深い。

山県はベルリン大学のルドルフ・フォン・グナイストやウィーン大学のローレンツ・フォン・シュタインの講義を聴き、特にグナイストからは町村自治に立脚した、つまりはボトムアップ式の秩序形成の重要性を学び、自らの地方自治構想に確信を深めた。また、即位して間もないヴィルヘルム2世に拝謁している。

半生の事業未だまったく遂げず

このとき山県は次のような漢詩を詠んでいる。「重入欧洲感慨索　粲然文物幾千年　半生事業未全遂　已有新霜到鬢辺」(重ねて欧州に入り感慨索《さびし》　粲然《さんぜん》たる文物幾千年　半生の事業未だ全く遂げず　已に新霜の鬢辺《ひんぺん》に到る有り。藤村道生訳)。

再度の欧州入りは西欧文明の奥深さを痛感させ、日本の近代化の前途遼遠《りょうえん》を思わせた。「すでに自分の鬢も白くなり始めた」との詩句は、当時の山県の心境をよく物語っている。

山県はパリで新たな政治的潮流、ポピュリズムの一端に触れている。普仏戦争の勇将ジョルジュ・ブーランジェが選挙を利用して大衆を煽動し、クーデターを企てるも未遂に終わったいわゆる「ブーランジェ事件」である。それは山県に強い印象を残した(『文明史のなかの明治憲法』)。

日本では政治的士族軍は解体されていたが、軍人の政治的発言と世論の共鳴は、第3章で述べた一八八一年の「四将軍建議」のように、すでに現実政治を動かしつつあった。ブーランジェ事件は決して他人事とは思えなかった。

山県には日本の政治状況も逐一報告されており、当時の日本について、「憲法発布以来民間政党之《の》熱度頓《とみ》に蒸騰《じょうとう》し、〔中略〕党派の競争、党論之争議、恰《あたか》も狂者之東奔西走するが如き騒然たる景況」との認識を示している(一八八九年六月二八日付井上馨宛山県書翰)。果たして、府県自治は混乱なく実現できるのだろうか。グナイスト講義による確信とともに、山県の胸中には不安もまた高まっていった。

第一次山県内閣の成立

山県が不在の間、国内では外国人裁判官の任用を認めた大隈重信外相の条約改正交渉が世論の非難を浴び、黒田清隆内閣は危機的状況に陥った。「伊藤も井上馨〔前外相〕も刀折れ矢尽き、〔中略〕後任は山県より外《ほか》になしとの説」が朝野を越えて唱えられている。宮中顧問官の品川弥二郎はそう力説して山県の奮起を促した(一八八九年九月二六日付山県宛品川書翰)。

山県は一八八九年一〇月二日にようやく帰国した。そして一八日には、改正条約の実施延期を上奏し、自らの政治的立場を鮮明にした。大隈外相が爆弾テロで重傷を負ったのはこの日の午後のことである。二四日、大隈以外の全閣僚が辞表を提出した。しかし天皇はそれを許さず、内大臣三条実美に首相を兼任させ、他の閣僚には留任を命じた。次期首班が決まるまでの暫定内閣である。

藩閥内の期待はすでに山県へと集まっていた。従来の政治的しがらみに囚《とら》われず、難問を一刀両断できる政治家は、外遊によって国内政局から遮断されていた山県以外には見当たらない。

当時、井上馨農商務相を中心とする長州閥では、黒田の強引な政局運営を可能にした「内閣職権」を改正して、各大臣の合議を重んじる態勢に転換すべきだとの声が力を増していた。伊藤や井上毅はもちろん反対だったが、山県を担いで危機を突破するには内閣制度の手直しは避けては通れない(「明治二十二年の内閣官制についての一考察」)。

一二月二四日、三条暫定内閣は新たに「内閣官制」を公布して、伊藤が制定した内閣職権による「大宰相主義」を修正した。首相が「大政の方向を指示」するとの内閣職権の文言は削除され、専任の行政事務に関する命令は各大臣が単独で副署することになった。それは官僚制のなかに自らを無化して、リーダーシップを不可視化する山県の政治スタイルとも整合していた。

どこまで山県がそれを意識していたかは不明だが、内閣官制によって帷幄上奏勅令も軍部大臣の副署だけで出せるようになり、結果的に内閣からの軍部、特に陸軍の自立化傾向に法制的な裏付けが与えられた。

同日、第一次山県内閣は成立した。大隈外相と井上馨農商務相以外の閣僚は全員が留任した。内閣の連帯責任は事実上否定されていた。

帰国後山県は内相に復任していたので、首相兼内相となったが、これはあくまでも一時的な措置であった。このとき山県は現役将官に列せられており、翌年六月には陸軍大将に昇進している。

一八九〇年五月、山県は西郷従道に内相を譲って首相専任となった。そしてようやく意中の人事を断行し、文相には内務次官の芳川顕正《よしかわあきまさ》（徳島）を、農商務相には陸奥宗光（和歌山）を抜擢している。芳川も陸奥もともに藩閥外の俊才である。とりわけ陸奥は、内乱陰謀の廉《かど》で収監された経歴を持ち、自由党の星亨との繋がりも強く、自ら政党を率いて内閣を組織する大望を心に秘めていた。にもかかわらず、山県はあえて陸奥を入閣させて、政党操縦への周到な布石を打とうとしたのだ。

府県制・郡制の成立

第一次山県内閣は、一八九一年五月六日まで存続した。その最大の功績は、第一に日本の地方自治の枠組みを創出したこと、第二に最初の議会を解散なしに無事乗り切ったことである。

組閣後早速、山県は府県制・郡制の制定作業を再開する。そして元老院での審議・修正を経て、一八九〇年五月、それらは無事公布の運びとなった。では、実際にでき上がった地方自治制はどのようなものだったのか。また制定の過程で、山県のボトムアップ型の地方自治構想はどうなっただろうか。

このとき、町村会には二級選挙制、市会には三級選挙制がそれぞれ適用された。等級選挙制とは、1、まず各選挙区の有権者を納税額の多寡に従って、二級選挙制では二つ、三級選挙制では三つのグループに分け、2、各グループの納税額がそれぞれ均しくなるようにしたうえで、3、各グループから同数の議員を選出するものである。多額納税者優遇の直接選挙制度である。

一方、府県会には複選制（間接選挙制度）が導入され、一八七八年以来の地租五円以上の納税者による直接選挙は廃止された。府県会議員は市会議員や郡会議員のなかから互選（お互いに投票しあう）によって、郡会議員は町村会議員と大地主のなかから同じく互選によってそれぞれ選ばれることになった。

つまり、府県会は市町村会から郡会を経て、段階的に「濾過《ろか》」された人士によって構成されることになる。山県は直接選挙にこだわっていたが、伊藤・井上毅の意見にもとづいて間接選挙方式が導入された。民主主義という観点から見れば、この点では一歩後退である。

とはいえ、システム全体として見れば、知事と議会との間の権力バランスは周到に計算されている。市町村会の有権者については、地租さえ納めていれば納税額の制限はなかった。衆議院議員選挙法（直接国税一五円以上）と比べれば、選挙資格は格段に低い。直接選挙制の廃止は、府県自治に対する政府内部の反発や民権運動の過熱ぶりに配慮した山県の窮余の一策であった。

山県の原案では、府県や郡には自治強化のために多様な仕組み―法人格の付与や参事会の執行機関化など―が凝らされていたが、実際の府県制・郡制では多くは採用されなかった。知事の事前不認可権の廃止や府県予算の費目制限の撤廃などの府県会の権限拡大とバランスをとる形で、専決処分権をはじめとする知事の権限も強化されている。

山県は「今日のまま不認可権を保続する有らば、府県会と府県知事との間に軋轢を生じ」ることになると述べ、不認可権の廃止に踏み切った。だが、「府県自治の反対者」を自任する井上毅らの巻き返しもあって、一連の妥協を余儀なくされたのである（『山縣有朋の挫折』第Ⅱ部４・５、『府県制成立過程の研究』）。

町村長公選制の導入と郡制――「逆説的な民主主義者」

地方自治をめぐる重要論点は町村長を「官選（任命）・有給」とするか、「公選（選挙）・無給」の名誉職とするかだった。

公選・無給の名誉職にすれば、彼らは公的精神に目覚め、私欲に駆られた政治闘争の芽は地域社会から摘まれるだろう。山県はそこに自治の精神が萌《きざ》すことを期待して、多くの府県知事の反対を押し切って一部を有給にしつつも公選制を貫いた。

そのためには、中間的自治団体の郡長に徴兵事務などの中央政府からの委託業務の多くを担わせる必要があった。さもなければ町村長の事務負担は大きくなり、「官選・有給」の能《のう》吏《り》に担わせた方がよいからだ。

郡制は、一八八八年五月の師団制導入と密接な関係にあった。陸軍は兵員徴集の単位を府県から郡市レベルに下すことで、師団編成を地域の実態に即して行おうとした。その際、徴兵・召集事務の中心に据えられたのが郡役所と市役所である。こうして、郡は地方自治と徴兵制を接合する要となり（「近代日本の兵役制度と地方行政」）、郡の行政機関化が推し進められた。日露戦後に政党勢力が官僚政治打破を唱えて郡制廃止を画策したとき、山県が強く反発し、その存続にこだわったゆえんである。

町村長公選論の上に組み立てられた山県の地方自治構想は、上意下達の官治主義とは反対のものだった。特撰議会構想に明らかなように、山県は地方名望家層の良識に一定の信頼感を持ち、それが伊藤博文に対する強烈なライバル意識に触発された結果、ボトムアップ型の地方自治構想へと昇華されていった。立憲主義者の伊藤と競い合ううちに、山県自身もまた「逆説的な民主主義者」となっていったのだ。

実際のところ、山県の制度運営は相当柔軟だった。

たとえば、一八八九年の秋田県会の紛糾に際して、山県は県会の停止ではなく解散に打って出た当局の措置を高く評価している。県会停止の場合、県知事は内相の認可の下に地方税の徴収方法や経費・予算を執行できたが、山県はこうした強権的措置に出るよりも、県会を解散して民意を問うことを重視していた。

そこには、地方自治を通じて公務に熟達した人材を養成し、ゆくゆくは議会政治の安定化を図る漸進主義の考えがあった（「山県有朋と地方自治制度確立事業」）。後述するが、議会解散をなるべく回避し、政党勢力との妥協を模索し続けた山県の国政指導と共通の政治姿勢である。

山県の人間観――「真正の自由」とは何か

山県の地方自治構想には、彼の人間観・政治観がよく現れている。以下、府県制・郡制の公布を前にして、一八九〇年二月一三日に山県が地方長官に行った訓示からそれを見ていこう。

山県は言う。人が自尊と自制の精神を持たないところに、「真正の自由」などあろうはずもない。なぜなら、自分自身を敬する者は他人を敬するようになるし、自分の説を尊重してもらいたいと思う者は、必ず他人の説を尊重するようになるからである。利害が異なれば、そこにいろいろな異説が生じるのはやむを得ないことであり、いたずらに他人の意見を攻撃するだけでは、紛争はついにとどまるところを知らない。「憲法制度［こそ］は異説を調和するに適当の方便」であり、政治的暴力の行使はたんに社会の分断をもたらすだけである。

山県はさらに続ける。政治では意見を異にする人々の間でも、宗教上、道徳上の所見や身の周りのことなどで、親密な関係が成り立つことも珍しくない。政治上の問題のみを重視して、人との多様な交わりを断ち、党派の競争に狂奔するのは人生の不幸である。ましてや、政治上の争議のために暴力を行使することは理性に背《そむ》き、法治に反し「憲法制度の精神」にもとる行為である（『公爵山縣有朋伝』中）。

山県にとって政治とは私的利害の衝突であり、それは極小化されねばならなかった。つまり、広く公のものではなかった。山県が政党政治を忌《い》み嫌ったゆえんである。

政治的暴力を否定した山県は、人に接するに謹厳な態度をもってし、粗暴な振る舞いはあえて示さなかった。だが、政治的反対者はかえってそこに権力者の偽善を見出すのである。

山県の議論は「政治の極小化」と「政治に対する行政の優位」とまとめることができる。これは政治的士族軍の解体と非政治的軍隊の建設という徴兵制の精神と相通ずる。東大で憲法学を講じ、のちに枢密院議長となった一木喜徳郎《いちききとくろう》は、山県について「徴兵令と自治制に対して一貫した精神を以《もっ》て考えて」いたと述べている（「公と徴兵令、自治制及教育勅語」）。

そして、政治の相対化は尊王の精神と繋がっていく。なぜなら、天皇こそはすべての政治的対立を中和する政治的・文化的装置だと考えられていたからだ。

だが、このシステムも万全なものではない。幕末維新期に見られたように、「玉《ぎょく》」（天皇）が政治的主流派の手から滑り落ちれば、今日の忠臣は明日の逆賊となり、政治は一気に流動化する。また、君主制の存在それ自体を否定するイデオロギーには、このシステムはまったく機能しない。山県が共和主義を排し、無政府主義や共産主義に激烈に反応した理由である。

山県は天皇を介した国民道徳の制定にこだわった。一八九〇年一〇月三〇日に発布された教育勅語がそれである。よく知られているように、教育勅語は天皇の御名御璽《ぎょめいぎょじ》（署名と捺印）だけで発せられており、大臣の副署は一切なかった。その異例な様式は教育勅語の不可侵性をいっそう強めていた。

教育勅語は全国の学校に配布されたが、その内容は忠孝などの伝統的・儒教的徳目だけにとどまらず、山県の意見を容れて、「国憲を重じ、国法に遵《したが》」いという憲法や法治を重視する近代的要素も書き加えられている（伊藤『山県有朋』）。「万世一系」の国体と明治憲法体制との一体不可分が、ここにあらためて示されていた。

演説とディベート

山県は演説には苦手意識をもっており、なるべくそれを避けようとした。やむを得ない場合には、あらかじめ草稿を入念に準備して暗誦《あんしょう》に努めた。大衆の前で演説することはなかったが、天皇への上奏や政府要路への建議の多くは文書で行い、口頭の場合には必ず覚書を添えるようにした。

山県は読者が限定される「意見書」という形式を好んだ。入江貫一によれば、秘書官在職一四年間に山県が要路に送った意見書だけでも五〇通以上に及び、一九一八年から二一年の原敬内閣期に限っても約一〇通は下らないという。これは演説を得意とした伊藤博文や大隈重信よりも格段に多い。時に山県は作家の森鷗外や幸田露伴、ジャーナリストの福地桜痴にも起草を依頼しており、彼の意見書は沈重かつ重厚だった。

山県の政治は国民の目からは見えづらく、それは往々にして権威主義的な雰囲気をまとっていた。彼は密室政治を得意としたが、それは当時の官僚政治家に一般的なスタイルであり、実は山県だけの特徴ではない。

幕末の志士としての行動から、軍人としてキャリアを重ねていくなかで、こうした傾向はいっそう顕著となっていった。山県は政治家であるが根本は軍人である。指揮命令系統に貫かれ、軍事機密という壁のなかにある軍隊では自由な言論空間などそもそも存在せず、兵卒に直接語りかける必要性があったとしても、それは天皇権威を介しての勅諭や訓戒という形式になる。軍隊という組織はもともと密室政治との親和性が高いのである。

明治期には軍人が国民へ直接働きかけることは禁忌《きんき》されていた。この時期の軍人政治家には軍人としての共通の行動パターンがあったのである。

2　主権線と利益線――朝鮮中立化構想

朝鮮中立化構想

一八九〇年一二月六日、山県は首相として第一議会で施政方針演説を行った。有名な「主権線・利益線」演説である。

列国の間に立って一国の独立を維持するためには、主権線（領土）を守るだけでは十分ではなく、必ず、利益線（主権線の安危《あんき》に関係する周辺地域）も保護しなければならない。それは主権国家の存立要件であり、これが実行できなければその国は独立国とは言えない。

議会では明言されなかったが、ここで言う利益線とは朝鮮半島のことである。山県は意見書「外交政略論」のなかで以下のように述べている。シベリア鉄道は数年後には竣工《しゅんこう》するだろうが、そのとき、朝鮮の独立は危機に瀕する。したがって、日清英独四ヵ国の保障の下に朝鮮をスイスのような「恒久中立国」にすることで、ロシアに朝鮮侵略の野心を断念させねばならない、と。

朝鮮中立化には四ヵ国の軍事的保障が必須である。だが、それは第3章で触れた清国との天津条約の派兵禁止条項に抵触する。天津条約を維持するか、さらに一歩を進めて四ヵ国連合による朝鮮保護、つまり中立化に踏み出すか、決断の時が迫っている。

議論は精緻に組み立てられていたが、問題はその実現可能性にあった。清国は朝鮮独立を受け容れるだろうか。また、英独両国が話に乗って来るだろうか。朝鮮は国際法上の中立義務を自ら守れるだろうか。

山県は交渉の前途に非常に楽観的であった。四ヵ国間の協定成立の見込みは十分あり、さらにはいったん「朝鮮の共同保護主」となれば、「琉球問題」をめぐる清国との対立も氷解すると考えていた。

利益線論と朝鮮半島の領域的支配

山県の主権線・利益線論は、ウィーンでシュタインから教示された「権勢彊域《きょういき》・利益彊域」論に触発されたものである。

シュタインの利益彊域とは、主権国家が自らの領土を守るために造成しなければならない「外国の政事及軍事上の景状〔状態〕」であり、それは朝鮮中立化という状態そのものを指す。

山県はシュタインの議論のなかに、朝鮮半島の現状変更に関する合法的根拠を見出していた。だからこそ、その考えの一端を第一議会で披露したのである。

ただし、山県はこうも述べている。利益線の完全な保持は、七個師団態勢という陸軍軍備拡張計画が完成し、総兵力二〇万人という戦時動員が可能になったときにようやく達成できるが、それには二〇年もの歳月を要するだろう。その間、日本はひたすら耐え忍ばねばならず、また、国民愛国の念を教育の力によって養成しておかねばならない。党派や各個の利益で相違があっても、利益線防護という主権国家の存立要件は堅持しなければならず、それは条約改正への道でもある、と。山県は、衆議院が陸海軍費を可決することを求めた。

山県のいう利益線とは「状態」ではなく「区域」のことであり、地理的・固定的な意味合いが強められていた。二〇年後に「利益線＝朝鮮半島防衛」が達成できるのならば、「朝鮮中立化」とは当面の危機回避のための外交的経過措置にすぎないということになる。

もっとも、現実の事態は山県の予想を超えていた。一八九四年二月に朝鮮で甲午農民戦争（東学党の乱）が勃発し、日本は十分な軍事的準備を整える暇もなく、天津条約体制の崩壊に直面する。

自由党の内紛と山県

一八九〇年一一月に開かれた第一議会は民党、すなわち自由党や立憲改進党の政費節減要求によって紛糾した。だが、海軍拡張そのものに反対する政党政派はなく、自由党内では民力休養論を刷新しようとする星亨が急速に勢力を伸ばしていた。

星らは植木枝盛《うえきえもり》ら旧愛国公党のメンバーを中心に結束し、議会の予算審議権は費目によって一部制限されるという山県内閣の憲法解釈に同意して自由党を割った。有名な「土佐派の裏切り」である。これをきっかけとして政府と衆議院との間に妥協が成立し、山県が最も重視していた陸海軍拡張費は無事成立した。総じて言えば、第一議会における山県の対応は抑制的であり、解散権の行使は慎重に避けられていた。

当時自由党内では、代議士中心の組織政党に改編しようとする星・板垣退助と大井憲太郎とが対立しており、大井は壮士を使って自党の代議士に暴力的圧力をかけていた（『立憲国家の確立と伊藤博文』）。山県内閣は保安条例を適用して大井派の壮士に東京からの退去を命じたが、これは星・板垣への援護射撃となった。

徴兵制に反対し義勇兵構想を奉じている限り、山県にとって自由党は不倶戴天《ふぐたいてん》の敵である。ところが、自由党内に自らの実力行使的傾向を抑えようとする動きが芽生え始めていた。こうして、伊藤・山県と星・板垣の腹の探り合いが始まった。

一八九一年三月、第一議会は閉会した。議会という取り扱いの難しい国家機関をどうにか飼い馴らし、府県制・郡制も公布できた。山県は自らの使命はひとまず果たし終えたと考えた。五月六日、首相を辞任し、後事を薩派の松方正義に託した。閣僚のほとんどは留任している。

天皇親政と軍部大臣文官制

第一次松方内閣は緊縮財政の一環として大規模な官制改革による行政整理を行い、各省自治の拡大に努めた。

松方は官僚制の意思決定過程に外部勢力が侵入してくるのを防ごうとした。一例を挙げれば、大蔵省の吏員が蔵相よりも他省にいる同郷出身者の顔色をうかがいながら省務を執ることを嫌ったのである。そして、閣内の意思統一過程を可視化するために首相直属の政務部を新設する。

各省自治が拡大すれば首相権限は相対的に縮小する。ところが、陸海軍大臣武官専任制を維持している限り、それは帷幄上奏権の濫用による内閣の分裂と軍部大臣の台頭に繋がりかねない。そこで松方は、一八九一年七月に武官専任制の撤廃に踏み切った。

山県と伊藤は仰天した。これでは政党員の軍部大臣就任を阻止できない。彼らは軍部大臣武官制の維持では一致しており、伊藤は天皇に上奏して政党による陸海軍の私兵化の危険性を説き、武官専任制への復帰を願い出た。天皇もそれに同意したが、朝令暮改は避けねばならず、結局、陸海軍大臣の人事は天皇の裁量に委ねられた。

各省自治の拡大の背景には松方の天皇親政論があった。松方は大臣が議会の動向に振り回されるのを嫌った。山県は尊王論者ではあったが天皇親政論者ではなく、憲法解釈では松方よりも伊藤に近かった。あとで見るように、軍部大臣現役武官制は第二次山県内閣で実現する。

暴力と憲法とは両立し得ない――選挙大干渉の衝撃

松方の官制改革は藩閥権力内部に深い亀裂を生じさせ、それは思わぬ事態を招いた。警察権力の暴走による政治危機、一八九二年二月の選挙大干渉事件である。

一八九一年一二月に建艦予算が自由党などの反対で否決され、第二議会は解散に追い込まれた。総選挙は翌年二月に行われたが、政権基盤の安定を望む天皇の意向を過度に忖度《そんたく》して、松方と薩派系地方官は猛烈な選挙干渉を行った。

このとき、日本の政治風土の暴力性が露呈された。全国で警察と民党、そして政党同士が衝突を繰り返し、隠匿されていた日本刀や仕込み杖、果ては銃器の類までもが使われ、全国で死者二五名、負傷者三八八名という惨状が呈された。山県らの尽力にも関わらず、日本社会の非武装化は実現していなかった。

当然のことながら、伊藤や山県は薩派による選挙干渉には同調しなかった。当時、武闘が特に激しかったのが高知県である。そこでは自由党弾圧に狂奔《きょうほん》する警察に対して、大阪から派遣された憲兵隊は中立的な立場を守っており、それが治安の回復に大いに貢献した。自由党土佐派の幹部林有造は、憲兵隊の対応に謝意を表している。山県と自由党土佐派との距離感がまた一歩縮まった。

伊藤は「暴力と憲法は両立併行すべきもの」ではないと憤慨した。山県も松方の無為無策を「大権の根軸を破壊し、行政の基礎を紊乱《びんらん》し、国家禍乱《からん》を惹起《じゃっき》」したと厳しく非難している（一八九二年四月一六日付品川弥二郎宛山県書翰）。閣僚の辞任も相次ぎ、ついに長州閥の大臣は一人もいなくなった。

第三議会では予算審議権をめぐって貴衆両院が対立したが、一八九二年六月、松方は天皇に裁断を仰いでなんとか予算を成立させた。だがその後も内紛は続き、同年七月三〇日に第一次松方内閣は退陣する。

大命は伊藤に下り、伊藤は元勲集団を率いて八月八日に第二次内閣を組閣し、山県は司法相に就任した。政治危機はまさに頂点に達しようとしていた。伊藤の言う「明治政府末路の一戦」である。

憲法体制の機能不全と児玉源太郎

第四議会でも民党と政府は真っ向から衝突した。民党は建艦費を否決しただけでなく、一八九三年二月には内閣弾劾上奏案と議会休会を可決した。進退窮《きわ》まった伊藤は天皇に頼った。

天皇は「和衷《わちゅう》協同の詔勅」を渙発して、建艦費を捻出するための内廷費の一部下付と文武官に俸給の一割を国庫に返納することを命じた。明治天皇の権威は絶大だった。議会は一気に鎮静化し、建艦予算は無事議会を通過する。

山県は当初、民党への譲歩の意向も漏らしており、なんらかの妥協策を考慮していた形跡がある。ところが、弾劾上奏案の可決によって態度は一変する。山県は言う。「議会の振舞いは陛下に対し強迫の手段を取ったに等しく、議会解散か天皇の裁断を仰ぐしかない」。妥協は論外だが、政府が硬軟いずれの方針を執るかを確定したならば、天皇の意向を仰いでも構わないとの判断である。山県は解散回避論にも理解を示し、憲法体制擁護という点では伊藤と方向を一にしていた（一八九三年二月八日付伊藤宛山県・同山県宛伊藤書翰）。

議会の紛糾による憲法体制の機能不全は伊藤に衝撃を与えた。伊藤は内閣機能を強化すべく、行政整理委員会を設置するが、このとき、陸軍から選ばれたのが徳山藩出身の陸軍次官児玉源太郎だった。児玉は伊藤や外務省通商局長の原敬と意見を交換しながら、陸軍の政治的突出を抑制するための一連の制度改革案を作成する。それは次の三点からなっていた。

1、帷幄上奏権の大幅な縮小、2、陸軍平時編制は必ず閣議で審議して決定すること、3、陸軍関係の法律や勅令はもとより、官制・条例・定員令の創設や改正に関わる勅令案はすべて陸軍大臣から閣議に諮るべきこと、以上である。憲法制定にともなう法制上の曖昧な部分を解消し、より開かれた形で陸軍の維持・運営を図ろうとするものだ。

それは、陸軍主流派の二人、山県の秘密主義や大山巌による帷幄上奏権の拡大解釈に対する陸軍内部からの異議申し立てであり、「立憲主義的軍人」（小林『児玉源太郎』）児玉源太郎の面目躍如たるものがある。児玉が端緒を開いた制度改革への小さな流れは、やがて桂太郎や寺内正毅をも巻き込んでいく。

枢密院議長就任

話を戻す。この時期、山県の政治権力はますます強化されていた。

一八九三年一月、海軍参謀本部設置問題が紛糾すると、天皇は山県司法大臣を現役陸軍大将の資格で特に陸海軍の審議に加わらせている。将校分限令では文官職にある軍人は予備役に編入されることになっていた。だが、山県は天皇の意向によって現役大将の身分を保障され、それを根拠に司法大臣でありながら陸海軍間の協議に関与した。山県への天皇の破格の信頼がうかがわれる。

児玉源太郎（1852〜1906）
徳山藩出身．戊辰戦争従軍後，佐賀の乱や西南戦争で軍功を重ね，陸軍大学校初代校長，陸軍次官などを経て，台湾総督，陸相，内相を歴任．日露戦争で満洲軍総参謀長として手腕を発揮，勝利に導いた

さらに山県が内閣と衝突して司法大臣を辞任すると、一八九三年三月、天皇は山県を枢密院議長に据えて、重要な国務はもとより軍事上の下問にも奉答するようにとの沙汰を下している。あとで見るように、日清戦争時の大本営には山県枢密院議長も現

役大将の資格で参列しているが、それもまた天皇の意向によるものだった。(「元帥府・軍事参議院の成立」)。

一八九三年五月、戦時大本営条例と海軍軍令部条例が制定され、戦時最高統帥機関として大本営を設置し、参謀総長は軍令部長を管轄下に置いて「陸海軍の大作戦」を計画するとされた。山県司法大臣や有栖川宮参謀総長の陸主海従論が海軍を押し切ったのである。

3 日清戦争の勃発――出征と内地還送、得意と失意

甲午農民戦争と清国軍の出兵

一方、朝鮮半島情勢も急速に不安定化しつつあった。

一八九三年に深刻化した防穀令賠償問題――朝鮮地方官の穀物移動禁止令をめぐる日朝対立――をきっかけに、伊藤は日清共同による朝鮮内政改革の可能性を模索し始めた。ところが翌一八九四年二月、甲午農民戦争が勃発し、日清両国の勢力均衡を保っていた天津条約体制は大きく動揺する。山県が危惧していたロシアの南下よりも日清対立の方が先に来たのである。

朝鮮政府は清国に反乱鎮圧の出兵を要請し、六月四日、清国はすぐにそれに応えた。すでに伊藤内閣は漢城(現ソウル)への派兵を決定していた。清国との力の均衡を図り、日清共

同で内政改革を推進するきっかけをつかむための限定的な政略出兵である。

国内政局も紛糾していた。五月一五日に開会した第六議会では改進党などの対外硬派が政府の条約改正方針を激しく攻撃し、三一日には内閣弾劾上奏案が衆議院で可決される。一方、自由党や旧士族社会では義勇兵運動が澎湃《ほうはい》として湧き起こっていた。伊藤内閣はこうした一連の動きに対して、六月二日に衆議院解散で応えたが、それは清国政府の対日態度をいっそう硬化させた。

政府内では陸奥宗光外務大臣と大山陸軍大臣・川上操六参謀次長を中心に主戦論が台頭し、ついに伊藤も同調した。六月五日には大本営も参謀本部内に設置され、開戦準備も整えられ始めた。

では、山県はこの間いかなる態度を示していたのだろうか。

日清開戦と山県

一八九三年一〇月、つまり開戦一〇ヵ月前の時点では、山県は、清国の国力はやや陰りを見せており、近い将来、日本の「敵手たるべきものは支那にあらず、朝鮮にあらずして、則《すなわ》ち英仏露の諸国」であると考えていた。そして、これら諸国の侵略政策に備えるための海軍拡張を唱えていた（山県「軍備意見書」）。

山県は甲午農民戦争についても無事終息すると考え、外患よりも内憂、特に社会変化にともなう国家的変動、具体的には議会の暴走による国政の混乱を警戒している（一八九四年五月四日付桂太郎宛書翰）。山県にとって、五月中旬以降の日清対決は想定外だった。

六月二四日、山県は「開戦方略に関する意見書」を政府要路に提出し、開戦決定時に執るべき措置について建議している。それは陸軍を釜山に上陸させ、陸路北上させるという慎重策だった。欧州列強の介入を危惧した山県が、清国に対する早期開戦論を支持するのは七月初旬以降である（七月七日付桂太郎宛山県書翰、『桂太郎関係文書』）。なお、この書翰のなかで山県は、開戦の場合自らの出征を天皇に願い出るつもりだと述べている。

当時、伊藤首相は大本営に出席して戦争指導の前面に立っていた。文官首相による統帥権への関与である。明治天皇臨席の下、伊藤と枢密院議長の山県、大山陸相・川上参謀本部次長は、時に意見対立があっても連携してことを進めていた。参謀総長は有栖川宮熾仁親王だったが、実務の多くは川上が担っている。

山県の出征願いは天皇に聞き届けられた。彼は第一軍の指揮を執ることとなり、第三師団長の桂はその指揮下に編入された。

のちに山県は往時を回想して、明治維新以来、自分は苦心惨憺《さんたん》近代的軍隊の建設に当たってきたが、このとき、世界はもとより日本でも大国視されていた大清帝国を向こうに回して、軍司令官として統率の大任を拝命したことは、武人の本懐これに勝るものはなかったと述べている。

「朝鮮縦貫鉄道は印度に通ずる大道なり」

一八九四年（明治二七）七月二五日、豊島《ほうとう》沖海戦によって日清両国は戦争の火蓋《ひぶた》を切った。対清宣戦布告は八月一日である。

山県は第一軍の二個師団を率いて仁川から漢城に入り、九月一六日、麾下《きか》の第五師団による平壌陥落の報に接した。翌一七日、黄海海戦で連合艦隊は北洋艦隊を撃破した。「平壌陥落は実に意外之結果にて」、山県は予想外の大勝利に欣喜雀躍《きんきじゃくやく》した（一八九四年一〇月九日付井上馨宛山県書翰）。陸軍は敗走する清国軍を追撃して満洲に進入した。

仁川上陸後、山県の眼に映った朝鮮は、「三千年来の歴史ある旧邦」とは思えないものだった。山県曰く、朝鮮の実際の程度はかつて日本で聞いていたよりも数等《すうとう》ひどく、この国を助けて名実ともに独立を全《まっと》うさせることは至難の業だろう。だが、宣戦の詔勅に明記されたように、朝鮮の独立は列国に対する日本の国際公約であり、越えてはならない一線でもある。

山県は朝鮮の完全な独立を実質的に担保するために、三つの政策を提言している。1、数年の間、若干の兵員を留めると同時に、中央・地方官庁に日本人顧問を入れること、2、平壌以北に日本人を移民させて、同方面への清国の影響力を減殺すること、3、釜山・義州間に朝鮮縦貫鉄道を敷設し、ゆくゆくはこれを「支那」を横断して「印度」に通ずる大道となすべきこと、である（一八九四年九月一七日付伊藤博文宛書翰、一一月七日付山県「朝鮮政策上奏」)。

朝鮮独立のためには適度な内政干渉は必至である。山県の論理はそう読めるが、それと同時に彼は、日本が「覇を東洋に振い永く列国の間に雄視」するためには、朝鮮縦貫鉄道を建設しそれを清国本土からインドへと延長することが必要だと述べる。

ここには、現実主義と現実離れした対外雄飛イメージとが混然一体として呈示されている。普段は慎重なのだが予期せぬ事態の急転、とりわけ、日本近隣での帝国的秩序の動揺に直面すると、山県の議論は突如として「大風呂敷」めいたものになり、リアリティーを失っていく。世界大戦期のウラル山脈以東のシベリア治安維持論や「支那全土」防衛論など、すべて同一パターンである。

この頃から最晩年の軍備拡張論に至るまで、こうした特徴はほぼ一貫しており、山県の権力的地位が上昇するにつれ、それは周囲の人々を時に戸惑わせるようになる。

内地還送

さて、勝利の連続に勇気づけられた山県は、北京攻略作戦を具体的に見据え始めた。そして、大本営の慎重論を事実上押し切る形で満洲内陸部に攻め込み、一八九四年一二月一三日には遼東半島北西部の海城を占領した。山県は意気軒高であった。

だが、得意の絶頂には思わぬ落とし穴がある。このときの山県がまさにそうだった。彼は戦地で重篤な胃腸病に罹《かか》り、一二月八日には本国への送還・療養を余儀なくされた。山県の無念は限りなかった。彼は「馬革裹屍元所期。出師《すいし》未半豈《あに》容帰。如何天子召還急。臨別陣頭涙満衣」（馬の革に屍を裹《つつ》むは元より期する所、出師未だ半ばならず豈帰るべけんや、如何《いかん》せん天子召還の急なるを、別れに臨んで陣頭涙衣に満つ。藤村道生訳）という漢詩を詠んで、自らの悲運を嘆いている。

一二月一八日、山県は広島の大本営で天皇に拝謁し、枢密院議長を免じられて、新たに陸軍の教育を司る監軍に任じられた。第一軍司令官の任も解かれた。

山県の召還は健康上の問題によるものだった。だがそれはさまざまな憶測を呼び、政界では山県は事実上更迭されたのだとの噂も流れていた。二〇日、天皇は山県に元勲優遇の意を示し、その名誉回復を図っている。

一方清国軍は海城方面で反転攻勢に転じ、大本営では同方面からの撤退も議論されていた。山県は川上参謀次長に、海城を死守しなければ戦勢は傾くかもしれないと説き、第三師団は該地をどうにか守り抜いた（一八九五年一月二九日付川上操六宛山県書翰）。

山県の面目は第三師団長の桂の奮戦によって挽回され、日本は戦略的優位を維持・拡大することができた。この間、山県は大本営の大陸への推進と北京攻略作戦の実施とを伊藤らに働きかけていた。

明治天皇は山県の提案に乗り気だった。だが内閣には異論も多く、結局、伊藤内閣は大本営とは別に征清大総督府（大総督は小松宮彰仁親王）を戦地に進めることにした（『明治天皇紀』8、一八九五年三月九日付田中光顕宛山県書翰）。

下関講和条約

伊藤首相や陸奥外相は清国政府の崩壊、交渉相手の消滅を警戒していた。彼らは清国を海洋から圧迫して講和を促す、いわゆる海洋限定戦略を推し進める（『日清・日露戦争における政策と戦略』）。

一一月二一日、清国北洋艦隊の根拠地旅順は陥落し、翌一八九五年二月一二日にはもう一つの根拠地である山東半島の威海衛《いかいえい》も日本軍の手に落ちた。

三月二〇日、下関で伊藤と李鴻章による講和会議が始まった。途中、李鴻章が日本人に狙撃される不祥事件もあったが、伊藤は遠征軍の関門海峡通過を利用して李に外交的圧力をかけ、その結果、四月一七日に下関講和条約は成立した。

おもな内容は、1、台湾および澎湖《ほうこ》諸島の日本への割譲、2、遼東半島の割譲、3、賠償金二億両《テール》の支払い、である。

京都で療養していた山県は講和条約に満足の意を示している（四月一七日付品川弥二郎宛山県書翰）。とくに遼東半島領有は彼の強く望むところだった。

樺山資紀や川上操六などの薩派陸軍からは遼東半島に加えて山東半島も領有すべきという

声もあったが、破天荒な領土要求はむしろ自由党や改進党などの政党勢力に顕著であり、彼らは満洲そのものや清国本土沿海部諸省の割譲を声高に唱えていた。

山県は私信のなかで、「清国全土を蹂躙《じゅうりん》せよ」といった類の極論を吐く改進党系の政治家や「書生の輩《やから》」を揶揄《やゆ》している（前掲四月一七日付品川宛山県書翰）。ちなみに、桂太郎は海城で冬を越した体験から遼東半島領有は経済的に見合わないと判断しており、南進論＝台湾領有論を唱えていた。実利主義の桂らしい考えである。

三国干渉――失意と慨嘆

講和交渉が軌道に乗り始めると欧州諸列強は介入の動きを見せ始める。

この頃山県は陸奥に長文の書翰を寄せて、大陸における権益をロシアと交換して英清両国に対抗すべきだとの意見を開陳している（四月五日付陸奥宗光宛山県書翰）。唐突な対露接近論だが、戦勝の果実を何としても死守しようという山県の焦りは行間からにじみ出ている。

四月二三日、露独仏三ヵ国は遼東半島の領有反対を日本に勧告してきた。三国干渉である。二四日に開かれた御前会議では山県も伊藤も即時受諾には二の足を踏んでおり、列国会議による遼東問題の協議という方針が決まった。翌二五日、天皇は山県に三国干渉の一部始終を征清大総督府に伝達せよとの勅命を下した（五月一日旅順着）。

四月二八日、山県は川上操六宛の書翰のなかで、三国干渉など懸念する必要はなく、陸軍は大連を起点とする広軌鉄道を敷設して将来はこれを「支那、印度等に接続」すべきだと、前年九月の「朝鮮政策上奏」と同じ考えを繰り返している。

だが、山県不在の間に事態は動いた。山県に勅命が降下した四月二五日、陸奥の病気静養先の兵庫県舞子を訪れた伊藤とたまたま来会した松方蔵相・野村靖内相との間で急遽四者会談が開かれ、陸奥の意見により遼東還付が決定された。二六日、天皇は広島大本営でそれを裁可した。

一二月の「内地還送」以来山県は失意のどん底にあり、その処遇に伊藤や井上は苦慮していた。一月一五日に病没した有栖川宮熾仁親王の後任として参謀総長に抜擢することも取りざたされたが、薩派との関係を考慮して見送られ、結局、三月七日山県は監軍兼陸相となった。すでに一月の時点で、山県は盟友の宮中顧問官田中光顕《たなかみつあき》に宛てて、自分は「奈落の底に沈み」進退きわまっていると述べていた。（一八九五年一月二三日付書翰）その後、いったん元気を取り戻したが遼東還付で再び落ち込んでいる。講和により天下泰平、「小人社界〔会〕の世」となり、もはや「老生等の生息すべき処」はない（同年五月一四日付書翰）。表向き平静を装っていたものの、山県の落胆は大きかった。

天皇の殊遇と無鄰菴の造成、友子夫人の逝去

山県の窮地を救ったのは明治天皇だった。

すでに帰国直後の一八九四年一二月二〇日に天皇は二度目の「元勲優遇」の詔勅を授けていたが（伊藤『山県有朋』）、一八九五年八月五日には日清戦争の論功行賞によって、山県は伯爵から侯爵に昇ることになり、功二級に叙せられ、金鵄勲章と旭日桐花大綬章を授けられ、さらに金五万円を下賜された。これは伊藤に次ぐ殊遇《しゅぐう》である。

一八九五年一〇月、京都南禅寺の傍《かたわら》に山県の別荘無鄰菴が完成した（『近代日本の統治と空間』）。東山を借景とし、芝生を用いた明るい空間と水の流れを巧みに組み合わせた名園でもある。それは、傷心の山県にとって大きな幸いだった。以後、山県はこの別荘で心を和ませるとともに、東京との距離を利用して政治的な舞台装置としても用いるようになる。後述するが一九〇三年四月二一日の無鄰菴会議などはその好例だろう。

一八九三年九月に山県は愛妻友子を喪っており、朋輔と名付けた三男にもその前年にわずか三歳で先立たれていた。山県は家族関係には恵まれておらず、友子夫人との間に三人の息子と四人の娘をもうけたが、次女の松子以外の六人はすべて夭折している。

友子の逝去をきっかけに、山県は二人目の事実上の妻貞子を家庭に迎え入れた。木戸孝允や伊藤博文の妻がそうであったように、貞子も芸妓出身であった。当時二〇歳の貞子は謡、能、仕舞などの芸事をよくし、特に和歌を詠むのを得意とした。それはしばしば山県の心の慰めとなった。五八歳の山県は老境に入りつつあり、彼の人生もまた新たな局面を迎えようとしていた。

第5章　権力の老練な操り師——一八九五～一九〇〇年

1　陸軍省の掌握、元帥就任

朝鮮政策の行き詰まり

日清戦争は東アジアにおける清国中心の世界秩序を崩壊させた。だが次いで起こった三国干渉は、朝鮮半島からの日本勢力の後退を招いた。一八九五年（明治二八）六月、第二次伊藤博文内閣は朝鮮問題を主導することを断念し、戦争中に獲得した鉄道・電信権益の運営も事実上放置された。

朝鮮国内の政情も再び揺らぎ始める。同年七月、閔妃はロシア公使と結託してクーデターを起こしたが、一〇月八日には日本の支援を受けた大院君が巻き返しを図り（乙未事変）、閔妃は王宮内で日本人壮士らによって殺害された。それは三浦梧楼公使ら出先の暴走であり、事件の詳細を知った山県は、「〔三浦は〕一心を青天白日之中に安置するの決意を覚悟」すべきだと述べている。要は従容《しょうよう》として裁判に臨めということだ（一〇月二二日付田中光顕宛山県書翰）。三浦は拘引されて日本で裁判にかけられたが、「証拠不十分」で免訴となる。

一八九六年二月、今度は親露派が動いた。仁川から上陸したロシア軍水兵の保護の下に、朝鮮国王はロシア公使館に居所を移した。いわゆる露館播遷《ろかんはせん》である。それは翌年二月にまで及び、親日勢力は粛清され、日本勢力は衰退していった。欧米資本は朝鮮国内の鉄道・鉱山権益に触手を伸ばし、山県の大陸横断鉄道構想は一場の夢と消えた。

日本の後退はロシアの望むところである。一八九六年六月、露清両国は日本を仮想敵国とする同盟を結び、ロシアは満洲を横断して沿海州に至る東清鉄道の敷設権を獲得した。皮肉にも日本は対清戦争に勝利したことで、危機的状況を自ら招き寄せてしまったのだ。

政治的再起――三回目の外遊

一八九六年三月、山県はロシア皇帝ニコライ2世の戴冠式参列のため、特命全権大使の任を帯びて横浜を出帆した。

戦後の東アジア情勢が急転するなかで、いつまでも時を費やしているわけにはいかない。山県は徐々に戦略家としての冷静さを取り戻していった。その結果、戴冠式にこと寄せて、朝鮮問題についてロシアとの協議を進めるという大役を託されたのである。「外面は前往直進と決意」しているが、内心深く覚悟している（一八九六年三月三日付田中光顕宛山県書翰）。

山県はこの外遊に自らの政治的再起を賭けていた。

一行は太平洋を渡ってサンフランシスコに上陸し、北米大陸を横断して海路フランスに向かった。パリ滞在中の山県に対して、フランス政府は日露の仲裁を申し出、軍艦の売り込み工作なども行っている。だが、山県はそれらを丁重に謝絶して、ドイツ経由でモスクワに入った。

五月二六日にウスペンスキー大聖堂で執り行われたニコライ2世の戴冠式は荘厳そのものであり、山県は強い感銘を受けている。だが、四日後に思いも寄らぬ事件が起こった。

この日、モスクワ近郊ホドゥインカ原で開かれた祭典に、祝いの下賜品を求めて四〇万人もの大群衆が殺到し、人雪崩《ひとなだれ》によって三〇〇〇人もの人々が死傷したのである。ところが、外交的配慮を優先させたニコライ2世は簡単な弔意《ちょうい》を示しただけで、その夜に開かれたフランス大使主催の大舞踏会に出席する。これは大きな失錯だった。民心は皇帝から離れ、巷《ちまた》では「新帝の治世は短いものとなるだろう」という不吉な予言が囁かれ始めた。

惨劇の一部始終を外交官用の桟敷《さじき》席から見ていた日本人がいた。随員の都筑馨六《つづきけいろく》である。事件の詳細はすぐに山県の耳に入ったはずだが、残念ながらその反応は記録にない。

これから二年後、伊藤博文は北京で西太后による光緒帝の事実上の廃位、いわゆる戊戌《ぼじゅつ》の政変に遭遇する。山県と伊藤という明治国家を代表する二人の政治家は、露清両国で「帝国崩壊の予兆」とも言うべき歴史的出来事に際会していた。

山県・ロバノフ協定

一八九六年六月九日、山県とロシア外相ロバノフ・ロストフスキーとの間に朝鮮問題をめぐる二国間協定が成立した。同年二月にも日露両国の駐韓公使、小村寿太郎とカール・イバノビッチ・ウェーバーの間で、朝鮮国王の王宮還御をめぐる合意文書が取り交わされていたが、今度はより高いレベルでの協定である。秘密条款では、両国が朝鮮に出兵する場合の兵力・用兵地域について定めていた。

当時、すでにシベリア鉄道は着工されていた。山県は、シベリア鉄道全通後はどうなるかわからないが、朝鮮の独立推進を建前とする日露の話し合いには意味があると考え、両国を「共同保護主」とする外交的枠組みの創出を重視していた。山県は対露宥和策を進めたが、これは利益線論からの一歩後退でもあった。

興味深いことに、山県は日露間の調整が不調に終わった場合には、アメリカに仲裁を頼むべきだとしている（『都筑馨六文書』二八七—27）。体調不良により叶わなかったが、山県は復路も北米経由を予定しており、そこで何らかの外交的布石を打つことも考慮していたらしい。

ちなみに、ニコライ2世との謁見は儀礼的な応対に終始している。一方、復路に会見したドイツのヴィルヘルム2世とは日清戦争の用兵談などで相当盛り上がった。このとき、ドイツ皇帝はいささか脱線気味であり、「美人の有栖川宮妃はご健勝であるか」などと言い出して、謹厳な山県を大いに戸惑わせている。

北守南進論の登場

ロシアの朝鮮・満州進出という外交上の新事態を受けて、日本の朝野では「北守南進論」が盛んに唱えられていた。朝鮮半島ではロシアとの勢力均衡を図り、新たに領有した台湾から福建省や清国本土、さらには南洋全般に軍事的・経済的発展を図るべきだという国策論である。

南進の中身は多種多様だった。第二代台湾総督の桂太郎などは、日本は邦人の進出によって朝鮮では相当の潜在的勢力を持っているから、ロシアの動向など気にせずに、むしろ台湾対岸の福建省に軍事的進出を図るべきだと述べている。これは清国分割便乗論に近い意見だが、やがて桂は領土分割よりも経済進出を重視するようになる。

一方、伊藤博文や東京商業会議所会頭の渋沢栄一は領土の拡大よりも貿易関係の発展を重視しており、公的資金はもとより、民間資本の台湾や朝鮮への投入にも慎重だった。彼らは清国分割に便乗する気はなく、伊藤は清国を立憲国家へ変容させようとする康有為《こうゆうい》らの変法自強運動にも好意的だった。

北守南進論はのちに「支那保全」論と接合して、一九〇二年に成立する日英同盟を支える理念となる。

では、山県の立場はどうだっただろうか。彼の権力基盤である陸軍の動向から見ていこう。

日清戦後の陸軍

戦勝の余韻のなかで、陸軍では軍備拡張の機運が高まっていた。

日清戦後の軍備拡張をめぐっては、従来の国土防衛から積極的外征作戦へと目的を切り替えるべきだとする薩派、つまり川上操六参謀本部次長らの軍団制導入・平時最大一五個師団案と、財政状況を考慮して拡張規模を抑えようとする児玉源太郎陸軍次官や参謀本部第一局長（事務取扱）寺内正毅との間の意見調整が難航しており、最終的には伊藤と山県・大山の話し合いによって平時一三個師団案が成立した。

山県は日本の軍備は新たな「利益線の開張」にもとづかねばならないと考えており、最終的には薩派案に歩み寄っている。山県の軍備構想は陸軍のなかでも突出してはおらず、むしろ、伊藤とともに薩派との調整役としての役割を果たしている。

一八九六年三月、日清戦後の平時一三個師団案は第九議会で成立した。賠償金二億三〇〇〇万両《テール》を獲得したこともあり、政党勢力からも異論はなかった。

一方、一八九三年に児玉次官によって着手された帷幄上奏権の縮小などの陸軍改革は停滞を余儀なくされていた。第4章で述べたように、これは陸軍権力の肥大化を防ぐために内閣と陸軍の関係を整理しようという試みだったが、まずは陸軍拡張案を議会に上程し、その予算通過を図ることが先決である。薩派との対立を誘発しやすい帷幄上奏権問題は慎重に取り扱わねばならなかった。

帷幄上奏権の縮小は内閣のあり方と連動し、内閣のあり方は国制改革の中心的テーマである。この問題に切り込むためには二つの条件が必要となる。

一つは児玉に政治的声望が加わること、もう一つは伊藤や児玉と政党勢力との間に一定の信頼関係が成り立っていることだ。第一の条件は一八九八年二月に児玉が台湾総督に就任し、治績を挙げたことで達成された。第二の条件も徐々に克服されようとしていた。その発端は日清戦争の勝利そのものにあった。

山県と剣術諸流派――大日本武徳会の成立

日本の徴兵制軍隊が清国軍を撃破したことは、自由民権派の人民武装論＝徴兵制反対論の基礎を突き崩した。

一八九二年の選挙大干渉事件以来、山県系陸軍と自由党は水面下で相互接近を模索し始めていたが、それをさらに進めるためには、人民武装論の圧力団体となっていた全国の武道諸流派の切り崩しが必要となる。

一八九五年四月、剣道・柔道をはじめとする諸武道の発展を期すために大日本武徳会が内務省の肝いりで創立された。初代総裁は小松宮彰仁親王である。

それは撃剣興行などで糊口をしのいでいた零落士族の名誉感情に強く訴えかけるものがあり、全国の剣術諸流派を政党地方支部から切り離し、天皇の名の下に糾合する役割を果たした。つまり、民党の非軍事組織化を間接的に促したといえる。武徳会本部は山県の別荘無鄰菴にほど近い、平安神宮の境内に置かれ、山県は伊藤や大山らとともに創立賛成者に名を連ねている。

山県は「一介の武弁」という自意識を終生持ち続け、毎朝槍の稽古に余念がなかった。だが、武徳会との関係は薩派ほど濃密ではない。剣術諸流派とのつきあいは厄介なことも多く、山県は彼らとは一線を画している。

日清戦後には人民武装論も急速に衰え始めた。一八九六年三月、衆議院は陸軍常備兵力を補完する軍事力として民間有志による義勇兵団を設置すべきだ、との建議を可決したが、それは自由党執行部による壮士集団に対する不満鎮撫策にすぎず、その後、義勇兵論が議会に建議されることはなかった。同年四月、板垣退助は第二次伊藤内閣に内相として入閣したが、これは徴兵制への自由党内の空気の変化抜きには考えられない。

地租増徴問題の登場

その後、伊藤は進歩党（一八九六年三月、立憲改進党と対外硬派が合流して結党）を率いる大隈重信の入閣をめざしたが、これに板垣が猛反発したことで第二次伊藤内閣は総辞職を余儀なくされた。そして、松方正義が進歩党と提携して、九月に第二次松方内閣が成立する。

この頃、政府は新領土台湾の経営に苦しんでいた。武装した漢族系住民、いわゆる「土《ど》匪《ひ》」の蜂起による統治の動揺は一向に収まらず、台湾経営は膨大な財政赤字を積み上げていた。松方は地租増徴によって、日清戦後経営の立て直しを図ろうとした。また、持論である陸軍政治権力の縮小を今度は台湾で実践しようとした。総督文官制の導入である。

だが、それは政党勢力と陸軍を同時に敵に回すことを意味した。一八九七年一二月、政権運営に行き詰まった松方は首相の座から降りた。

一八九八年一月、紆余曲折の末に第三次伊藤内閣が成立したが、伊藤もまた地租増徴問題を突破できず、二回にわたる解散・総選挙も自由党や進歩党などの民党勢力に凱歌《がいか》を上げさせる結果に終わった。万策尽きた伊藤は後継首班に大隈と板垣を指名し、天皇も桂陸相と西郷従道海相の留任という条件を付けただけでそれを承認した。

この間、地租増徴問題で結束した自由・進歩両党は憲政党という単一政党に合流しており、六月、日本憲政史上初の政党内閣たる第一次大隈内閣が成立し、板垣は希望通り内相に就任した。世にいう隈板《わいはん》内閣である（「伊藤博文と山縣有朋」）。

山県系による陸軍省掌握

政党勢力の台頭に山県は危機感を深めた。第二次松方内閣では台湾総督の桂を陸相に異動させようとしたが、薩派の高島鞆之助《たかしまとものすけ》拓殖務相の横槍に遭い、桂は東京湾防御総督に左遷され、高島が自ら陸相を兼ねた。

高島は自由党大会に壮士を乱入させるなど、暴力的な政治介入を平然と行っており、自由党土佐派との関係修復を探っていた長州閥との関係はよくなかった。

桂後任人事もうまく行かなかった。山県は桂後任の台湾総督に同郷の乃木希典《のぎまれすけ》を推したが、それは薩派との関係修復を重視した人事だった。だが、台湾統治の混乱は乃木の手に余り、伊藤は第三次内閣を組閣するや乃木を更迭し、一八九八年二月、後任に第三師団長の児玉源太郎を抜擢した。そして、東京湾防御総督という閑職に追いやられていた桂を陸相に就任させる。

伊藤による一連の人事は桂・児玉ら山県系陸軍の起死回生策となった。

桂は政党勢力との駆け引きに辣腕を揮い、陸軍行政を立て直した。児玉は出先陸軍の専横を抑え、台湾経営を軌道に乗せた。彼らは行政的手腕を遺憾なく発揮し、山県と長州閥の政治的権威は回復した。それは長期的に大きな影響を陸軍におよぼした。薩派の上原勇作《うえはらゆうさく》が一九一二年四月に就任するまで、陸相は約一四年間にわたって、桂－児玉－寺内正毅－石本新六《いしもとしんろく》という山県系が独占することになったのである。

一八九九年五月、薩派陸軍のエースであった川上操六参謀総長が急逝する。後任には大山巌が就任したが、これをきっかけに薩派は参謀本部に根を張っていく。山県の勢威は薩派を圧倒したわけではなかった。乃木の人事に現れているように、山県は薩派には遠慮気味であり、陸海軍間の調整は大山や西郷従道に一任していた。大山や西郷は山県にとってなくてはならない存在でもあった。

陸軍元帥へ

伊藤による桂・児玉の登用は山県の政治的窮地を救った。しかし、伊藤は国制全体への目配りも怠らない。

一八九八年一月、第三次伊藤内閣で元帥府条例が制定され、山県は小松宮彰仁親王、大山巌、西郷従道とともに元帥に任ぜられ、現役軍人としての身分を保証された。元帥府は宮中に置かれた天皇の最高軍事顧問府で、元帥は陸海軍大将のなかから「老功卓抜」の者に与えられる称号である。

山県への明治天皇の信任はきわめて厚く、陸相や参謀総長から帷幄上奏があると山県に下問してから裁可するのを通例としていた。そして山県も大山や彰仁親王との協議を踏まえて奉答している。以上の慣習を制度化したものが元帥府条例である。

このとき伊藤は山県が起案した詔勅原案に手を加えて、元帥府を軍事上の最高顧問府と位置づけ、さらに宮中席次でも首相・枢密院議長の下位に置いた。宮中・府中（政府）の力のバランスに配慮したのである。そして一九〇〇年一二月、第四次伊藤内閣の陸相に就任した児玉も、陸海軍の協同一致を図るための軍事参議院の設置を構想していた。

それには裏の意図があった。軍事参議院は元帥、陸海軍両大臣、参謀総長、海軍軍令部長、教育総監などから構成されていた。児玉は多数決原理のなかに山県を封じ込めて、迅速な意思決定を実現しようとしたのである。

このときは陸海対等の大本営改革を主張する海軍の消極論によって軍事参議院構想は流れたが、日露開戦直前の一九〇三年一二月、児玉の尽力によってそれはようやく設置された。なお、戦時大本営条例も同時に改正され、参謀総長と海軍軍令部長は対等の立場で大本営に出席することになった。

もっとも、陸海軍の意思疎通の重要性は山県も認めており、軍事参議院の設置にも賛意を表している（山県・大山「大本営条例の改正及軍事参議院条例制定に関する奏議」）。

一八八九年一二月の内閣官制に見られるように、自己の政治的イニシアティブの顕在化を嫌う山県としては合議体組織の設立はむしろ望ましいことであった（「元帥府・軍事参議院の成立」）。天皇の個人的信任が揺るがぬ限り、多少の制度的掣肘《せいちゅう》など山県には物の数ではなかった。

2　第二次内閣——政党勢力との提携と対峙

隈板内閣の破壊

一八九八年六月に成立した隈板内閣は、内閣機能の強化を明確に志向していた。陸海軍省以外のすべての大臣・次官に憲政党員を任命して、政党内閣制の実を挙げようとした。

また、臨時政務調査会を設けて、郡制や警視庁・司法省の廃止など本格的な統治機構改革に着手した。改革を推進していたのは大隈ら旧進歩党系であり、旧自由党系はむしろ内務省の権力機構を温存・掌握して党勢拡大を図ろうとした。憲政党は早くも内部分裂の兆しを見せ始める。

長年、藩閥政府の下で官途を閉ざされていた憲政党員は政権奪取後堰《せき》を切ったように猟官運動を始めたが、それは旧自由・進歩両勢力による党内権力抗争に火を点けた。専門官僚の反発は大きく、彼らは反政党の旗幟《きし》を鮮明にしていた山県の下に結集を開始する。

当時駐米全権公使だった星亨は、こうした動きを太平洋の彼方から見つめていた。彼はもともと政権奪取のための進歩党との合体には反対であり、この機をとらえて憲政党を解党し、政策を軸に旧自由党系を山県系との提携に踏み切らせようと考えた。

大隈外相の制止を無視して帰国した星は、一〇月二九日、憲政党臨時大会を開いて解党を宣言し、返す刀で旧自由党系だけで憲政党を再結成した。これに呼応して、板垣内相を初めとする旧自由党の閣僚も一斉に辞表を提出する。

大隈には旧進歩党系で内閣を改造し、政権を維持・独占するという秘策があった。だが、山県や桂陸相は宮中工作でそれを封じる。天皇は大隈にも辞表の提出を求め、内閣存続の命脈は断たれた。一〇月三一日、隈板内閣は議会に臨むことなく、わずか四ヵ月あまりで瓦解した。山県と星は阿吽《あうん》の呼吸で隈板内閣を破壊したのだった。

第二次山県内閣の成立

当時の政治的慣行に従うならば、次の首班は薩派から選ばれてもおかしくはなかった。だが、松方や高島の失敗のツケは大きく、組閣の大命は山県に下った。

一八九八年一一月八日、第二次山県内閣が成立した。それは純然たる超然内閣で、西郷従道（内相・薩）、青木周蔵（外相・長）、松方正義（蔵相・薩）、樺山資紀（文相・薩）、桂太郎（陸相・長）といった薩長出身者が主要閣僚を固め、海相には新たに山本権兵衛（薩）が起用された。そして、非長州出身の山県系官僚からは清浦奎吾（司法相・肥後）、芳川顕正（逓信省・徳島）、安広伴一郎《やすひろばんいちろう》（内閣書記官長・小倉）、平田東助《ひらたとうすけ》（内閣法制局長官・米沢）といった面々が入閣している。

山県は薩長で超然内閣を組閣し、清浦以下の法制官僚に政権運営の実務を委ねた。喫緊の課題は地租増徴案の議会通過であり、山県は憲政党に対する切り崩し工作を開始する。

まず、一一月一五日に始まった陸軍大阪地方特別大演習に戊辰戦争で政府軍の参謀を務めた板垣退助を招待し、さらに貴衆両院議員に参観を特別に許した。このとき、板垣は宮内省から提供された名馬に跨《また》がり、山県と轡《くつわ》を並べて演習を陪観《ばいかん》しており、その颯爽《さっそう》たる姿は代議士や壮士たちを大いに喜ばせた。

大演習への板垣の招待は、明治六年政変で下野した板垣とその幕僚グループが、山県ら征韓反対派、つまり徴兵制推進グループと完全に和解したことを広く公衆に示す歴史的イベントだった。憲政党内の反陸軍感情は一掃され、山県と桂は憲政党との本格的な提携交渉に打って出る。

駆け引きの焦点は、憲政党員の山県内閣への入閣、もしくは閣僚の入党である。だが、最後の最後に交渉は暗礁に乗り上げた。事態を動かすには、トップ同士が政治的リスクを冒すしかない。

清浦奎吾（1850～1942）
肥後出身．司法官僚として刑事訴訟法の制定に参与．山県の評価を得て内務省警保局長に．91年貴族院勅選議員．96年には司法相．以後も法務に知悉した政治家として山県を支えた．山県死後、首相就任

平田東助（1849～1925）
米沢藩出身．慶應義塾，大学南校（現東大）で学び独留学．帰国後は法制官僚として内閣制度，憲法調査に参画．1890年貴族院勅選議員．山県系官僚を束ね山県内閣で法制局長官，桂内閣で内相などを歴任

星亭への評価

一八九八年一二月二六日、山県は椿山荘に平田東助、大浦兼武《おおうらかねたけ》（鹿児島、警視総監）、小松原英太郎《こまつばらえいたろう》（岡山、司法次官）、安広伴一郎といった配下の司法・警察官僚グループを呼び寄せて、事態を打開するためには星を入閣させるしかないと切り出した。これには一同啞然《あぜん》としたが、山県の考えは変わらず、大浦を使者に立てて星の来訪を求め、まもなく山県と星との一対一の会談が始まった。

山県はロシアの現状から論を起こし、何としても星を説き伏せようとした。ところが、星は意外にも即座に地租増徴賛成の意を示した。勝負に出るのはいまだ。山県は星に入閣を求め、「どの省を選ぶかは君の任意だ」と畳みかけた。彼は時にこうした一刀両断的交渉を好んだ。いわゆる「武士提刀《さげとう》の談判」である。

山県の提案は星を驚かせた。自分の入閣を無条件で認めるとはただ事ではない。星はしばらく沈思してから、「閣下のお話は国家を思う誠意から出ていると認めます。ゆえに入閣せずお引受け申す」と述べ、さらに続けて、「憲政党代議士一二〇名の内、自分〔星〕のために命を捨てる覚悟の者が二〇名ばかりいるが、この者たちが動けば地租増徴位は何でもない、御心配に及ばず」と約束して、おもむろに引き上げていった。

このとき、山県は隣室に控えていた平田らを呼び寄せ、泣きながら卓を叩いて喜んだという（『松本剛吉政治日誌』一九二二年六月二日）。政党指導者としての責任とリスクを担い、自らの覚悟のほどを示した星の態度は山県に強い印象を残した。後年、彼は当時の首相で政友会総裁の原敬らとともに、星を責任政治家として高く評価している（同上一九二一年三月二七日）。

ジャーナリストの池辺三山《いけべさんざん》は、山県と最も性格が似通った人物は星であり、だからこそ、「山県公は星亨とよく合った」と指摘している。一方、腹心であったはずの桂は山県とは正反対の開放的な人物であり、両者の反《そ》りは合わず、山県は相当我慢して桂を使っているのではないかと観察している（「山県公」）。

一九一二年（大正元）一二月、桂は山県から離反して政党政治家への転身を図るが、池辺の指摘はそれを予見しているようで興味深い。

星　亨（1850～1901）

地租増徴の実現

一八九八年一二月二七日、懸案であった地租増徴法案はついに成立した。山県・星頂上会談に至るまでには、桂陸相によってさまざまな下工作が行われており、増徴率の軽減をはじめ、地価引き下げによる地域的負担軽減、さらには議員歳費の引き上げといった露骨な籠絡策も駆使されている。原敬によれば相当の「実弾」、つまり金銭も飛び交っていたという。当時「議員瀆職罪《とくしょく》」はなかったので、こうしたことが半ば公然と行われていたのである（有泉貞夫『星亨』）。

第一三議会閉会時に山県は天皇に拝謁して、「自分は伊藤のような『政事家』ではないので、陛下の威令がなければ政治は行えない。有朋は憲法の解釈を伊藤・大隈等とは異にしており、もとより政党内閣には反対である。君権を張り、君主の威権を堕さないように努力している」と言上している（「徳大寺実則日記」一八九九年三月二五日）。星とは妥協したが、自分は政党内閣を認めたわけではない。山県は天皇に対して、自らの国家観に変化がないことを強調している。彼の政治姿勢にまま見られる原則論への唐突な回帰である。

こののち山県は憲政党からの入閣要求を断乎として斥《しりぞ》け、その結果、星は立憲政友会の結成に帰結する伊藤博文の新党運動に合流していく。

ともあれ、藩閥および憲政党に対する山県と星それぞれの統制力がなければ、議会は確実に解散に追い込まれ、政局はいっそうの混乱状態に陥っただろう。この後、東アジア情勢が激動期に入ったことを考えれば、妥協成立は日本にとって正に僥倖だった。

地方自治をめぐる政党勢力との協調

山県には「保守反動」、「専制的で冷酷な」官僚政治家というイメージが付きまとうが、実際の政権運営や一連の制度設計が柔軟性に富んでいたことはいままで見てきた通りである。

それは第二次内閣でも遺憾なく発揮され、山県は政党勢力に対して絶妙な権力の舵取りを行っている。しかもそれは、日本の工業化にともなう社会変化に適応しようとするものでもあった。

第一に注目すべきは、一八九九年三月に第一三議会で成立した府県制・郡制の改正、直接選挙制の導入である。

一八九〇年五月に第一次山県内閣によって公布された府県制・郡制では、伊藤博文や井上毅の意見を容れて複選制（間接選挙）が導入され、府県会議員は市会・郡会議員から、郡会議員は町村会・大地主議員からそれぞれ選ばれていた。ところが、それは予期せぬ政治的副作用をもたらした。市町村会選挙の結果に府県会・郡会の議席は大きく左右されるようになり、その結果、市町村での政党間対立が激化していたのである。

町村自治は山県が嫌っていた「政治的空間」と化してしまった。こうした弊害を除去するためには、直接選挙制を府県・郡にも導入して、市町村会での党争を冷却化するしかない。山県は府県制・郡制の改正趣旨をそう説明している。

一見後ろ向きな物言いだが、これは山県が地方政界への政党勢力の全般的進出を事実上容認したことを意味する。法制官僚のなかには当然異論もあったが、山県はあえて政党勢力の要求に応えている。

このとき、府県知事の権限も拡大されたが、それは第二次松方・第一次大隈内閣期に多くの政党員が府知事に登用され、知事と府県会との関係が従来の政治的対立関係から、工業化の進展を見据えた地方公共事業の拡大という共通目標を追求する関係へと大きく変化したことによる。府県知事権限の拡大は政党勢力の浸透から官僚機構を守ろうとした反動的政治姿勢の現れというよりも、新しい時代のニーズに応えようとした施策だった（「日清戦後の地方制度改革」）。

選挙法改正

さらに、第二次山県内閣は長年の懸案だった衆議院議員選挙法の改正を実現している（一九〇〇年三月公布）。有権者の納税資格は直接国税一五円から一〇円に引き下げられ、選挙区も小選挙区制から一府県一選挙区の大選挙区制となり、人口三万人以上の市は独立選挙区とされ、単記無記名投票制が採用されている。

工業化に対応すべく都市部に配慮した区割りが行われたが、特に記名投票が廃止され、投票の自由が確保された点は注目に値する。

なお、実現こそしなかったものの、政府原案では有権者の年齢制限を二〇歳にまで引き下げており、徴兵年齢とのバランスを考慮した形跡がうかがわれる。

大選挙区制では、候補者の乱立を防ぐため政党支部の役割が大きくなり、ひいては党中央の統制力の拡大を促す。つまりは政党政治の組織的強化へと繋がっていく。山県がそれを意識していたかは別として、第二次山県内閣の選挙法改正が結果的に政党政治の発展を大きく促したことは間違いない（「政党政治の模索」）。

時代は急速に変化し、「保守－反動」という対立軸も意味合いを変えていく。山県は工業化の趨勢に敏感に反応しながら、政党政治との間合いをはかっていた。

文官任用令の改正と治安警察法の制定

その一方で、山県は中央官僚機構を政党勢力の進出から守ろうとした。

一八九九年三月の文官任用令改正では、次官以下の官職を自由任用から資格任用とし、政党勢力による猟官の意図を挫《くじ》いた。これは専門的知識を有する法制官僚の支持を得て、彼らの多くは山県系官僚閥（本章「3」参照）の中核を担うようになる。

翌一九〇〇年四月には、枢密院の権限を拡張して、内閣官制や各省官制、文官任用令などの官制大権に関わる事項の改正には、枢密院の審議を必ず経ることにした。

山県は政党側の反発にも配慮している。次官の役割を二分割して、政務は「官房長」に、事務は「総務長官」に分担させ、官房長を政治任用職、つまり猟官希望者向けポストとして政党側に開放したのである（『近代日本の官僚』）。

しかし、政務と事務とを分離する総務長官・官房長システムは、迅速な意思決定には不向きだった。一九〇三年一二月、第一次桂内閣はロシアとの緊張が高まるなかで次官制度を復活させている。

工業化・都市化による社会の変化は、衛生・風俗・営業・交通などの分野に関する警察業務、いわゆる「行政警察」の法制的基盤整備を必至とした。来るべき労働運動勃興への対処もそれと密接に関わっていた。

すでに第二次伊藤内閣を始めとする歴代内閣は治安警察法案や警察命令及行政執行法案などを立案していたが、いずれも成立には至らなかった。そして、この問題に決着を付けたのも第二次山県内閣だった。一九〇〇年三月、第一四議会で成立した治安警察法と行政執行法がそれである。

山県内閣の治安警察法の最大の特徴は、労働・農民運動の取り締まりを条文に盛り込んだことである（第一七条）。「模範国ドイツ」での労働運動の高揚に日本の将来の姿を見た山県は、一八九九年三月、ドイツから帰国したばかりの有松英義を内務省警保局警務課長に抜擢して急遽法案の手直しを命じたのであった。

見逃されがちであるが、治安警察法は既成政党に対する宥和策でもあった。政談集会の開催要件は大幅に緩和され、従来禁止されていた軍人による政談集会の主催や参加などにも門戸が開かれた。とはいえ、「政事上の結社」への軍人の加入は禁止されており（第五条）、軍隊の政治化に厳しい箍《たが》が嵌《は》められていたことに変わりはない。

いずれにせよ、憲政党や進歩党は治安警察法から大きな恩恵を被っており、議会審議でも表立った反対論は出ていない（「日清・日露戦間期の警察改革」）。権力の老練な操り師としての山県の政治的力量は、ここでも遺憾なく発揮されている。

3　山県系官僚閥の形成——実力主義による権力装置

貴族院支配

第二次山県内閣の懸案処理能力は歴代内閣のなかでも抜きん出ていた。それが可能になったのは、山県が官僚閥という強力な権力装置を擁していたこと、明治天皇から絶大な信頼をかち得ていたことである。後者についてはすでに触れたので、ここでは前者を説明していこう。

山県は政党勢力に対してはつねに一定の距離を保ち、官僚制の防衛に尽力した。その結果、隈板内閣が成立した一八九八年前後から、彼の周囲には多くの専門官僚や軍人が地縁・血縁の違いを超えて集まるようになる。その勢力は中央省庁のみならず、貴族院や枢密院、さらには司法機関にまで広がっていった。もちろん、宮中も例外ではない。藩閥勢力は山県中心に再編され、長州閥という地縁的集団は山県系官僚閥へと純化・成長を遂げていった。

他方、薩派は地縁的繋がりが強く、徐々にその勢力は警察から参謀本部系統・海軍へと局限されていく。つまり、広範な省庁間の利害調整機能は十分ではなかった。

立法府における山県系の拠点となったのが貴族院である。当初山県は「勤王党」という新政党を結成して、憲政党や進歩党に対抗することも考えたが、反政党内閣を唱える山県が政党を組織するのは自己矛盾である。勤王党構想は早々に放棄され、山県は貴族院支配に専念する。

日清戦前の初期議会期から、衆議院の民力休養＝減税政策関係の議案は貴族院によって否決されており、事実上、貴族院は衆議院に対する拒否権行使機関となっていた。もっとも、院内には三曜会、懇話会という反官僚系会派が一定の勢力を維持しており、官僚系勢力にとっては目の上の瘤《こぶ》だった。

そこで、山県系貴族院議員は院内会派 幸《さいわい》倶楽部を結成して勅選議員の糾合を図り（一八九九年）、子爵議員会派の研究会（会派名）に対しても徐々にその主導権を握っていく。こうして、貴族院は山県系の統制下に置かれるようになった。

政治的個性と官僚閥

山県の下に有為な人材が集まったのは、彼の政治的な個性と権力的ポジションによるところが大きい。

山県は外国語が苦手だった。だが、近代軍の建設は国家の最重要課題であり、欧州からの軍事知識の摂取は時間との闘いでもある。そこで山県は、自己の周囲に洋行帰りのエリート軍人を集め、彼らから最新の専門的知識を吸収することに努めた。西周《にしあまね》や桂太郎が明治初年の代表的ブレーンである。

一八八〇年代以降、山県の守備範囲が軍事から地方自治や治安問題、さらには外交へと広がっていくにつれて、山県のブレーン集団も徐々に厚みと広がりを増していく。平田東助や清浦奎吾をはじめとする法制官僚、青木周蔵ら外務官僚などであるが、やがて、そのなかには大浦兼武のような叩き上げの非エリート警察官僚も含まれるようになる。

山県は聴き上手であり、彼らの意見によく耳を傾けた。そして、自らの影響力を行使して、部下の貢献に見合うだけの地位と名誉を与えた。彼は情義に流されることはなく、無闇《むやみ》に人に胸襟《きょうきん》を開くこともなかった。「山県の心底をうかがおうとしても容易に心を開かない、まるで古井戸の底を覗き込んでいるみたいだ」とのネガティブな山県評が世に溢れたゆえんである。

とはいえ、こうした態度の芯には縁故主義とは異なる実力主義的価値判断が存在していた。したがって、彼は真に信頼した人間には思いも寄らぬ機密事項を平気で打ち明けている（『山縣公のおもかげ』）。それは感銘を与え、山県に近侍した人々の忠誠心を堅固なものにしていった。

ちなみに、山県からの叙爵・陞爵《しょうしゃく》依頼を宮中へ取り次いでいたのが、一八九八年から一九〇九年まで宮相を務めた山県の盟友田中光顕である。田中は土佐藩脱藩浪士で、長州に亡命した頃からの同志的存在であり、計数能力に秀でていたこともあって、この頃は山県の家政にもさまざまなアドバイスをしている。田中の邸宅は椿山荘とは地続きであり、山県とは気軽に行き来するつきあいだった。

出自や郷党を偏重する縁故主義は中長期的には組織を堕落させ、その実行能力を著しく低下させる。平田や清浦、そして田中の例に明らかなように、山県は政治的価値観や専門知識を重視する官僚政治家だった。法制官僚を身の周りに置いていたが、そこに山城屋事件のトラウマを見ることもできよう。だが同様に重視すべきは、山県が法治の重要性を十分認識しており、法治国家としての日本の自立を強く望んでいたことである。

元老の一員として

この間、山県はすでに元老としての地位を確立していた。

元老とは明治天皇が指名した最高政治顧問であり、伊藤博文を筆頭に山県、黒田清隆、井上馨、松方正義、西郷従道、大山巌、西園寺公望の八名から構成され、政権交代の際に首相候補を天皇に推薦するという重要な責務を担っていた。それは権力の中心点が不明確な明治憲法体制の円滑な運用を可能にする、明治天皇によって作られた慣習的政治制度だった(『元老』)。

日清戦後には品川弥二郎《しながわやじろう》や白根専一《しらねせんいち》などの有力文官官僚の早逝により、山県系官僚閥の権力中枢は長州出身の三人の陸軍軍人、桂、児玉、寺内によって占められるようになった。これら三人のうち、急逝した児玉以外の二人はのちに首相に就任している。彼らはおもに陸軍省を中心にまず軍事行政部門に勢力を伸ばし、その実績を背景に内務省や外務省・文部省などの大臣職に進出していった。

山県は慎重に自らの政治権力の布置・育成を図った。もっとも、派閥が一定の大きさを超えるとそれは自動的に膨張し始める。山県の与《あずか》り知らないところで、山県の権威は独り歩きする。たしかに、「山県が吹く『魔笛《まてき》』に政界はしきりに踊らされ」ることもあったが（岡義武）、それは多分に「山県閥現象」とでもいうべきものであり、山県が絶対的な権力で政局を動かしていたわけではない（ジョージ・アキタ）。

一方、伊藤博文は派閥を形成することを好まなかった。人事や名誉欲を通じて自らの政治権力を維持・拡大しようとする気もなかった。

伊藤は課題解決型のワーキンググループを活用することを好んだ。憲法起草時の井上毅や伊東巳代治《いとうみよじ》を中心とするグループ、原敬や児玉源太郎をメンバーとする第二次伊藤内閣の行政整理委員会などはその好例である。

自らの名利に恬淡《てんたん》としていたがゆえに、伊藤の理想主義はかえってその政治的威力を増大させ、やがてその影響力は児玉や桂を通じて、山県系官僚閥の権力中枢を揺るがすようになる。

日常生活

強靭《きょうじん》な権力意志を維持するためには、日々の安定した日常生活は必須の条件である。当時の山県の一日を見てみよう。

彼は規則正しい日常生活を送っていた。夏は六時頃、冬は七時頃に寝室を出て、朝食は八時、昼食は正午、晩餐は午後六時にとった。朝食は牛乳一合、パン二片、昼食は和食で一汁三、四菜、おもに魚肉と野菜だった。晩餐は洋食でスープとともに三皿、それに多少の野菜をとった。また、三、四杯のフランス産ワインとベルモットを嗜《たしな》んだ。日本酒も愛好しており、「酒が飲めなくなれば、それは自分の死ぬる時である」とは本人の言である。食後には居室でコーヒーを飲み、煙草を喫した（『山縣公のおもかげ』）。

東京では春の隅田川河畔、小金井、荒川などへの遠乗りを好んだ。七〇歳近くまでは馬で、それ以降は馬車か自動車で、朝まだき桜花の下を逍遥《しょうよう》することは山県の年中行事の一つだった（同右）。

槍術は終生稽古に余念なく、また、謡《うたい》にも熱心に取り組んでいた。和歌を詠むことに長けていたことは先に述べた。山県狂介を名乗っていた京都時代には祇園辺りでも浮名を流し、行商人と一緒に唄ったり踊ったりするなど庶民的な嗜好も持っていた。東京に出てからは粋筋の遊びを始めるようになり、とくに新内節《しんないぶし》は熱心に稽古を重ねていたという。

清国分割

政党勢力の台頭と同時に、山県は列強による清国分割という対外危機にも対処しなければならなかった。

一八九八年三月六日、ドイツは山東半島の膠州《こうしゅう》湾を租借した。二七日、ロシアも遼東半島の旅順・大連を租借し、ついでハルビン—旅順間の鉄道敷設権を獲得した。英仏両国も威海衛や九龍、広州湾を相次いで租借した。いわゆる「中国分割」（本書では便宜上「清国分割」を用いる）の始まりである。

四月二二日、第三次伊藤内閣は福建省の不割譲を清国に約させ、二五日には、ロシアとの間に西・ローゼン協定を締結した。日本は旅順・大連の租借を事実上黙認し、ロシアは韓国駐在の軍事・財政顧問を引き上げ、韓国に対する日本の商工業上の優越権を容認した。緩やかな形での「満韓交換」である。

福建省不割譲協定が成立したとき、山県は非常に喜んでいる。「皇室のため、国家のために賀意を表す」。四月二八日付の桂宛書翰で山県はそう述べている。山県は清国の崩壊は不可避とし、その際日本もまた列強に並んでできるだけ利益線を拡張すべきだとしていた（一八九九年五月二七日付「清国特使に関する意見書」）。伊藤にとって、不割譲協定は台湾防衛策の一環にすぎなかったが、山県は福建省に利益線を延ばそうと考えていたのだ。

伊藤もまた、清国の統治能力については懐疑的だった。だが、彼は清国の経済力とその発展可能性を高く評価しており、日清間の経済的交流の拡大を重視していた（瀧井『伊藤博文』）。こうして、両者の対外論の違いが目立ち始める。

馬山浦事件と義和団事件

翌一八九九年五月、ロシアの軍艦が朝鮮半島南東部の馬山浦に現れ、同地で艦艇停泊候補地の測量を開始した。いわゆる馬山浦事件である。

これは西・ローゼン協定に抵触し、「帝国の存亡興廃に係る重要問題」である。山県はそう述べ、外交交渉を通じてロシア側に撤退を求めるが、場合によっては「和戦の決」を下すことも覚悟すべきだと伊藤をはじめとする政府要路に迫っている（一八九九年一〇月一一日付山県「対韓政策意見書」）。

伊藤にしても、朝鮮海峡をロシアが押さえることは容認できなかっただろう。だが、彼はロシアの動向には楽観的であった。

その後、日本側の対抗的土地買収策が効を奏したこともあって、ロシア側もいったんは引く素振りを見せた。だがそれは束の間の平安にすぎなかった。一九〇〇年三月、ロシア政府は韓国政府との間に馬山浦付近の租借に関する秘密協定を取り交わした。朝鮮海峡をめぐる日露の潜在的対立は解消されずに残った。

しかも、ことは朝鮮半島だけに収まらなかった。

一八九八年、山東省におけるドイツ人宣教師殺害事件をきっかけに、清国各地で義和団というカルト的拳法集団による外国人排斥運動が起こった。それは一九〇〇年には北京・天津から華北方面に拡大し、六月、北京の公使館区域が義和団によって包囲された。そして同月二一日、清国は日英米仏独墺（オーストリア）露伊八ヵ国に対して宣戦を布告する。いわゆる義和団事件（北清事変）である。

当初、第二次山県内閣は比較的慎重であり、列強、特に英国からの再三にわたる出兵要請に応える形で、北京救援のための段階的派兵に踏み切った（六月〜七月）。清国との水面下での提携は論外だし、即座に大規模出兵に踏み切れば、列強から痛くもない腹を探られることになるからだ。

政軍関係の調整——軍部大臣現役武官制の導入

義和団事件が拡大しつつあった一九〇〇年五月、山県は軍部大臣現役武官制を制定して、陸海軍大臣および次官の任用資格を現役の大将および中将に限定した。

山県の権力的差配は巧みである。先述したように、陸海軍大臣武官制は首相権限の強化と整合的であり、現役武官制を採用するのなら内閣機能も強化されねばならなかった。山県は軍機・軍令事項でも、それが一般行政または財政に重大な影響を及ぼすものについては、閣議を通過させることにする（六月五日）。軍部大臣以外の一般の文官大臣にも軍事行政を「通視」させ、帷幄上奏権の拡大を実務レベルで制御しようとしたのである。

それは大山巌参謀総長ら薩派の抵抗にあったが、山県内閣はこれ以外にもさまざまな制度改革を試みている。なかでも注目すべきは、義和団事件の最中に実施された、宣戦布告をともなわない国際紛争、いわゆる「事変」に際しての出兵手続きのルール化である。閣議での予算承認がなければ対外出兵はできないようにしたのだが、これもまた薩派の巻き返しに遭遇している（一九〇〇年六月〜七月）。

八月、ロシアは東清鉄道の破壊を口実に満洲に出兵、要地の占領を開始した。このとき閣内では、青木周蔵外相が、閣外では近衛篤麿《このえあつまろ》ら対外硬派が対露即時開戦を唱えて政府に迫った。特に青木の暴走ぶりは甚だしく、彼は開戦論を天皇に単独上奏している。

当然山県は怒ったが、当の青木は「軍部に帷幄上奏権が認められているのだから、外相が単独上奏しても問題あるまい」と切り返した（『春畝公と含雪公』）。もっとも、明治天皇は青木の上奏を受け流し、山県は伊藤と連携して対露開戦論を握り潰している。

南進をめぐる伊藤との軋轢

すでに七月五日、天皇は伊藤に対して、閣議に出席して対清政策について意見を述べよとの特命を下していた。だが、それは山県の心理に微妙な影を落とした。内閣主導の出兵態勢を整えようとしているのに、これでは制度改革の意味は減殺されてしまうからだ。

日本軍は八ヵ国連合軍の主力として、北京の公使館区域の救援に貢献しており、軍紀も比較的厳正であった。山県はそれを大いに喜び、列強のパワーゲームに積極的に加わって、福建省方面でなんらかの利権を獲得しようと思い立った。

八月七日、ドイツ皇帝ヴィルヘルム2世は自国のアルフレッド・グラーフ・フォン・ワルデルゼー元帥を連合軍総指揮官に据えて事変収拾の主導権を握ろうとした。これは日本陸軍の統帥権の一部をワルデルゼーに委ねることを意味する。本来なら拒否して当然の提案である。ところが、ヴィルヘルム2世に対する親近感のためか、山県はあっさりと提案を承認する。

寝耳に水の知らせに伊藤は憤慨した。だが、すべては後の祭りだった。山県の決定は、自主的撤兵によって早期講和への道筋を付けようとしていた伊藤の外交構想に冷水を浴びせかけた（『伊藤博文文書（その1）』書類の部一八五）。

厦門事件

伊藤の怒りの前に山県は一旦矛《ほこ》を収めた。だが、なかなか自主的撤兵を表明せず、それどころか、様子を見計らって福建省に台湾から派兵することを閣議決定する。その結果誘発されたのが、台湾総督府による福建省厦門《アモイ》への政略出兵、いわゆる厦門事件である（八月二四日)。

厦門出兵に英米をはじめとする列強は強く抗議し、一部始終を知った伊藤は即時撤兵を山県に迫った。山県はそれを受け容れたが、二階に上げられて梯子《はしご》を外された格好の児玉台湾総督は憤激のあまり辞意を表明している。天皇は勅使を派遣して児玉を慰撫《いぶ》し、児玉は総督に留まった。

このときの山県の情勢判断は、いまは「先ず南方の一兎を追い之を獲るの後、再び北方の一兎を追うも」遅くはない、つまり、清国分割は不可避と考え、「北守南進の国是」を軍事力行使によって一歩前に進めるべきだ、というものだった(八月二〇日付山県「北清事変善後策」)。

山県はワルデルゼーが極東にやって来る前に、厦門占領という既成事実を作っておこうと考えたのだ。こうした焦りが陸軍や出先の積極論と共鳴した結果、拙速な出兵が行われたのである(一九〇〇年八月二五日付寺内正毅宛児玉源太郎書翰)。

勇退と伊藤への政権移譲

伊藤は経済力による平和的貿易的進出を重視し、軍事力の行使による性急な勢力圏の拡大には反対であった。一方、山県の念頭には常に「軍事」があった。もちろん、外交力には軍事力も含まれるし、外交と軍事は本来相互補完的なものである。それは山県も十分承知していたが、彼はややもすれば利益線という領域確保に傾きがちであった。

この時期の山県の一連の意見書には、一八九九年六月に表明されたアメリカの門戸開放原則への言及は見られない。門戸開放とは「遅れてきた大国」アメリカが、列強による清国の領土的分割を牽制するための方便であり、軍事的政治的劣勢を経済力で補って清国市場に食い込もうという外交方針でもあった。この宣言は二〇世紀アメリカ極東外交の基本原則となるが、その重要性に山県が気付くのはしばらく後のことである。

ちなみに、英国との間に同盟関係が成立すれば、日本は朝鮮南部どころではなく、朝鮮全土の「勢力区域」化に向けてロシアと対峙できるかもしれない。山県の脳裏にそんな考えが過《よぎ》ったのもこの頃のことである（前掲「北清事変善後策」）。だが、それはまだ漠然としており、仮想のレベルに止まっている。

地租増徴の実現や府県制・選挙法の改正など、第二次山県内閣の内政面での達成には目覚ましいものがあった。日清戦後経営は失速を免れた。自分はようやく伊藤と肩を並べることができた。そうした内政面での自信が外交政策上の勇み足の一因となったことは否めないだろう。

一九〇〇年九月一五日、伊藤は星亨率いる憲政党を中心とし、西園寺公望や原敬など伊藤系少壮官僚を糾合した政権担当可能な責任政党、立憲政友会を創立した。今度は伊藤のお手並み拝見である。

九月二六日、政治的な余力を十分残して山県は首相の座から降りた。一〇月一九日、陸海外以外の閣僚を政友会員から選んだ政党内閣、第四次伊藤内閣が成立する。

第6章　懸崖に臨む——日露戦争

1　日英同盟の推進——対露抑止の破綻

第一次桂太郎内閣の成立

一九〇〇年（明治三三）一〇月、政党内閣として発足した第四次伊藤博文内閣は、首相権限の拡大と宮中・府中（政府）の関係整理を中心とする本格的な国制改革に着手しようとした。伊藤は児玉源太郎を陸相に据えて、帷幄上奏権改革に進ませるつもりであった。

この政党内閣の命脈は短かった。政権担当の準備期間はほとんどなく、伊藤は政友会をうまくコントロールできなかった。一九〇一年五月、第四次伊藤内閣は閣内不統一のため倒れた。そして、組閣の大命は伊藤の盟友井上馨に下った。井上は元老中ただ一人の首相未経験者であり、閲歴から見ても妥当な人選である。

ところが、井上の組閣工作は実を結ばなかった。陸相として入閣を求められた桂太郎が固辞し続けたためである。桂の背後では児玉が動いており、児玉は一気に桂を首相に擁立し、世代交代を進めようとしていた。

一九〇一年六月二日、第一次桂内閣が成立した。それは閣僚のうち七名を山県系が占める官僚内閣であり、とくに清浦奎吾司法相、平田東助農商務相、芳川顕正逓信相という山県腹心の存在感は大きかった。もっとも陸相に児玉、海相に薩派海軍の山本権兵衛、外相に宮崎出身の小村寿太郎（九月二一日就任）を据える実力派人事には、山県から距離を置こうという桂の意向が隠されていた。

第一次桂内閣は「小山県内閣」などと揶揄され、その短命が予想されていた。山県も腹心の桂なら容易にコントロールできると踏んでいた。だが蓋《ふた》を開けてみれば、桂内閣は一九〇五年一二月まで四年六ヵ月も続く長期政権となり、桂は徐々に山県から政治的に自立していく。

この間、義和団事件の突発や工業化の進展による各種公共事業の拡大によって財政事情は逼迫していった。桂は公共事業の繰り延べを政友会に呑ませて、第一六議会（一九〇一年一二月〜〇二年三月）を乗り切った。一方外交面では、日英同盟交渉を本格化しようとしていた。

山県と日英同盟構想

交渉の発端は一九〇一年四月、駐英ドイツ代理大使からの日英独三国同盟の打診に始まる。それにいち早く反応したのが山県だった。同四月、山県は「東洋同盟論」を著《あら》わして、伊藤をはじめとする政府要路に日英（独）同盟の締結による対露抑止＝平和の確保を訴えている。

興味深いことに、山県は韓国を同盟の対象外にできれば好都合だと述べている。韓国問題について対露妥協の余地を残したかったからである。また、主権線・利益線の防衛とともに、通商拡大を通じての工業の発展と経済の挽回も重要だと論じている。そうすれば、日本は「他日機に乗じて福建浙江の地に勢力区域を設定」できるからだ。山県は北守南進論の枠組みで日英独同盟を考えていたのである。

一方、伊藤は対露直接交渉で事態を打開しようと考え、山県ら日英同盟積極論との間には意見の隔たりがあった。とはいえ、日英同盟案の叩き台は八月四日の桂・伊藤会談の席上、伊藤によって作られている。両者の意見の相違は、新たな分析枠組みのなかで再評価されるべきだろう。

九月、伊藤はイェール大学での名誉博士号授与式に出席するために渡米した。その真の目的はヨーロッパに足を延ばして、満韓問題をめぐる対露交渉の口火を切ることにあった。

桂邸で開かれた壮行会の席上、伊藤はいつになく上機嫌だった。だがそこに一抹の不安を覚えた山県は、日英同盟は「東邦全局の利害に関する」包括的な性格のものだが、日露協商は韓国に関する局部的協定にとどまるだろうと述べ、伊藤の対露交渉に釘を刺している。桂もまた山県に即座に同調した。

日英同盟交渉はすでに八月にロンドンで始まっており、伊藤訪露による日露妥協を警戒した英国は日本との同盟に大きく舵を切った。

一九〇二年一月三〇日、第一回日英同盟が成立した。それは防守同盟であり、日露開戦の場合の参戦義務を英国に課したものではなかった。とはいえ、英国は極東における海軍力の維持を約束し、日本側、特に海軍の得た軍事的メリットは大きかった。

対露抑止と海洋国家論

日英同盟は「清帝国及び韓帝国の独立と領土保全」とこれら二国において「各国の商工業をして均等の機会を得せしむること」を謳い上げていた。つまり、領土保全を前提とする自由貿易に力点は置かれており、日本の朝野は同盟の対露抑止効果に大きな期待をかけていた。

一九〇二年四月八日、露清両国は満洲撤兵に関する協定に調印する。日英同盟の効果は早速現れたように思われた。一〇月八日、第一期撤兵が実行に移された。

桂や小村、政友会、そして財界では、満韓方面での平和が確保された今日、日本は清国長江沿岸や「南洋」に向かって経済発展を図るべきだとの議論が盛んだった。桂や小村は、海洋国家・貿易立国を支えるための「大海軍」の建設を唱えていた（「内外国策十年意見」）。

一方、山県は同盟の効果判定にはより慎重であり、ロシアの動向によっては清韓両国の情勢が急変する可能性もあると注意を促していた（一九〇二年二月七日付桂宛書翰）。また、山県や大山参謀総長・田中義一（参謀本部員）は、日英同盟の締結によって強大な英国海軍が味方に付いたのだから、日本はまず陸軍軍備を拡張すべきだと考えていた。いわゆる陸主海従論である。

桂の独自路線

桂は陸軍では異質の存在だった。「海洋国家」と貿易立国を重視する桂は第一七議会（一九〇二年一二月召集）に地租増徴継続を主な財源とする第三期海軍拡張案を提出した。とはいえ、地租増徴は政党勢力にとっては政治的鬼門である。彼らは当然海軍拡張にも反対した。こうして、時計の針を初期議会期に巻き戻したかのように、桂内閣と政友会・憲政本党とは真っ向から衝突する。

当初、山県ら陸軍の立ち位置は曖昧だった。だが、政友会では軍部大臣文官制論が唱えられ始め、ロシア海軍の増強も急だったので、山県らも徐々に内閣の海軍拡張案を支持するようになる。

一二月二八日、桂は衆議院解散に踏み切った。そして、海軍拡張費には鉄道建設費を充用し、行政整理と外債発行によって必要経費を賄うことにした。地租増徴継続を断念すれば、政党勢力の結束には亀裂が走るだろう。桂はそう考えていた。

翌一九〇三年三月一日に行われた総選挙では、政友会も憲政本党も議席数は微減にとどまった。政友会では原敬や松田正久《まつだまさひさ》らの幹部が発言力を強めていた。五月二〇日、桂と政友会の間で妥協が成立し、第三期海軍拡張案は議会を通過する。

無鄰菴会議

妥協の裏には国際情勢が影を落としていた。四月八日、この日はロシアの第二期撤兵の期日だった。ところが、ロシアは約束を履行せず、かえって清国に七項目の要求を突き付けた。四月二一日、事態の急転に驚いた山県、伊藤、桂、小村は京都の山県の別宅無鄰菴で対露方針を協議した。史上名高い無鄰菴会議である。

そこでは「満韓交換」、つまり、満州はロシアの、韓国は日本の勢力範囲だということを相互に承認するという対露交渉の原則が確認されたが、山県はこの目的の達成は困難だと考えていた。まずは主権線・利益線の「拡充維持」を画策し、強いて成否にこだわらず「我帝国の安全なる利益を図る」ことに集中すべきだというのである（一九〇三年四月一七日付桂宛山県書翰）。

ところが山県の懸念をよそに、桂や児玉は対露交渉の前途になお楽観的だった。同年六月一九日には、南アフリカと欧州・米国への児玉の外遊が決定されている。すでに五月にはロシア兵は鴨緑江《おうりょっこう》を越えて韓国領龍岩浦《りゅうがんほ》への侵入を始めていたが、それでもなお既定の外遊スケジュールに変更はなかった。

山県系官僚閥の変化——二頭制への移行

伊藤と山県の権力的位置にも変化が見え始めていた。

政友会の成立を明治天皇はことのほか喜び、伊藤に多額の政治資金を下付していた。こうして勅許政党として発足した政友会は、山県や桂にとってきわめて厄介な存在となった。総裁の伊藤は元老筆頭でもあり、山県ら官僚勢力は自分たちの手の内をさらしながら政友会との交渉に臨まねばならなかった。

だが、政友会も苦境に陥っていた。政府との妥協に対する不満から多くの代議士が脱党していたのである。

七月一日、業を煮やした桂は病気を理由に天皇に辞表を提出し、他の閣僚もそれにならった。天皇は桂に留任を命じたが、山県は留任の条件として伊藤の枢密院議長就任を宮中に働きかけた。枢密院（枢府）は天皇の最高諮問機関である。「宮中・府中〔内閣〕の別」を厳密に適用すれば、伊藤は政党総裁を辞めねばならない。

七月六日、天皇は伊藤に枢密院議長就任を命じた。八日、伊藤は就任の条件として山県・松方の枢府入りを上奏し、七月一三日、彼らはともにそれを容れた。山県もまた、宮中へ入ることになったのである。政友会の後任総裁には、戊辰戦争で山県とともに出征した公家出身の西園寺公望が就任した（伊藤『山県有朋』）。

山県の枢府入りは山県系官僚閥のあり方を大きく変えた。派閥全体の統括者が首相であった時代は終わり、統括者山県と首相桂という権力の分裂、「二頭制」（高橋秀直）への移行が始まったのである。

両者の力関係では山県が圧倒的に優位だった。だがのちに見るように、桂は日露戦争の戦時宰相として実績を積み重ね、戦後には大蔵省などの中央文民官庁から山県の権力の牙城たる宮中にまでその勢力を伸ばしていく。気が付けば、桂による権力簒奪《さんだつ》の脅威に山県はさらされていたのである。

伊藤・桂の分業体制

伊藤の枢府入りも予期せぬ政治的効用をもたらした。伊藤は宮中制度改革、桂は行政整理という宮中・府中改革の分業体制が成立したのである。

権力状況の変化を感知した桂は急遽児玉の洋行をやめさせ、台湾総督在任のまま内相兼文相に就任させた。そして、清浦奎吾司法相には農商務相を、曾禰荒助《そねあらすけ》蔵相には逓信相をそれぞれ兼任させた（七月一五・一七日）。一気に権力を集中して児玉を内閣の中心に据え、府県半減と郡制・文部省の廃止を軸に国制改革に打って出ようとしたのだ。

こうした大改革には国際情勢の安定は必須の条件である。児玉の洋行中止は対露危機への対処策としての含みもあるが、当の児玉は対露交渉の妥結には楽観的で、むしろ内政面での桂のリーダーシップを不安視していた（一九〇三年一一月一日付後藤新平宛児玉源太郎書翰）。

対露交渉の停滞と府県廃置法案

一九〇三年八月に始まった対露交渉は、日本側の満韓交換論とロシア側の朝鮮北部中立化論がまったく噛《か》み合わず、一向に進展しなかった。

八月、ロシアは極東総督府を旅順に設置し、一〇月三日には対馬海峡の自由航行権や日本が韓国領土を「軍略上の目的」に使用しないことをも要求してきた。ウラジオストク・旅順間の海上交通路の確保はロシアの海洋覇権にとってきわめて重要であり、満韓交換などそもそも問題外だった。

この間、ロシア海軍はウィレニウス艦隊を極東に回航しており、日露の海軍力バランスは一年後には挽回不可能なレベルに達しようとしていた。すでに、参謀本部は「守勢大作戦計画案」を策定して、ロシア軍の日本本土攻撃に備え始めた。いまや主権線の防衛までもが不安視されていたのである。

果たして府県半減は行われねばならないのか。山県は郡制廃止には絶対反対であり、児玉内相の行政的手腕にも不安の目を向けていた（『山縣公のおもかげ』）。ところが、山県の危惧をよそに府県廃置法案は一〇月中に閣議決定され、天皇の裁可を得てあとは議会に上程するばかりとなった。

この法案が成立すれば三府四三県は三府二四県となり、山口県は広島・福岡両県に分割されて姿を消し、鹿児島県は宮崎県を併合することになる。長州閥による長州の自己否定である。桂・児玉の本気度がうかがえるが、それは山県には到底受け入れられなかった。

桂と児玉は積極的な鉄道網整備を前提に、明治初年のプレ工業化時代に設定された狭小な府県を打破し、工業化時代に見合った広域行政を実現しようと考えていた。政党勢力内部には桂・児玉に呼応する動きも出始めていた（「幻の『道州制』」）。

政局は緊迫の度を増していた。ところが事態は思わぬ展開を見せる。一〇月一日、参謀次長の田村怡与造《たむらいよぞう》が急逝した。後継人事は紛糾したが、山県はこの機会を見逃さなかった。彼は「この際、軍国の政治を第一とすべきだ」との議論で桂を説得し、児玉は内相を辞任し、台湾総督留任のまま参謀本部次長を兼任した（一二日）。山県は有事の到来に備えると同時に、児玉内相の改革路線をも阻止したのである。

児玉という内閣の要を失った桂は、内閣を改造して有事に備えようとした。農商務省と逓信省にはそれぞれ専任大臣が置かれ、国制改革はここに封印された。

2　開　戦――焦慮と覚悟

開戦準備における山県と桂・児玉

一二月になってもロシアに対日妥協の兆しは見られず、桂は児玉参謀次長や寺内正毅陸相と連携して開戦に備えた。

この間、山県はややもすれば協議の輪から外されがちであったが、それは「桂内閣の主戦論」に山県が反対していたからではない。開戦準備のためには外交による時間稼ぎが重要である。伊藤や児玉のそうした考えに山県も同意していたが（一九〇三年一二月二〇日付山県宛伊藤書翰、同月二一日付寺内・児玉宛山県書翰、同月二一日付桂宛山県書翰、『旧外交の形成』）、問題は準備の詰めにあった。

山県は時に細部にこだわり、特に開戦時の韓国皇帝の身柄確保には神経質になっていた。また、一刀両断的な交渉を政府に迫ることもあり、山県の介入は桂らをしばしば困惑させた。「他日臍《ほぞ》を噛むことのないことを望む」（一九〇四年一月一四日付児玉源太郎・寺内正毅宛山県書翰）、「軍機画策は無責任者〔山県のこと〕の容喙《ようかい》すべき余地」なしというのなら、せめて「目下の情勢」や議論の内容だけでも一報すべきだ（一九〇五年一月一六日付桂・寺内宛山県書翰）。

山県は苛立ちと怒りを露わにしていたが、桂と寺内・児玉の三人は巧みに受け流して開戦準備を進めていた。山県の権力の本丸たる陸軍でも、桂・児玉を中心として「山県の祭り上げ」が始まっていたのである。

とはいえ、開戦への最終決定は御前会議の決を待たねばならない。国家の運命を最終的に担っていたのは、そこに召集された閣僚たちと伊藤・山県ら元老集団、それに明治天皇である。山県の政治権力の中核部分は依然として健在だった。

開戦決定と伊藤・山県

一九〇四年一月、事態はいよいよ緊迫した。同月二九日、伊藤・山県・桂の合議の結果、いったんは「小康説」（当面の戦は避ける）で事態を収拾することになった。だが一晩沈思黙考したのち、伊藤は首相官邸に山県・桂、山本権兵衛海相と小村寿太郎外相を招いた。そして、開口一番次のように切り出した。

> 仮にロシアが朝鮮北部の中立地帯化を撤回したとしても、その政略全体より観察すれば、日本にとっては数年間の小康を得たに過ぎないだろう。我が国力の不足を顧みて、この際小康を得ることに満足すべきか。それとも、国家の運命を懸けてロシアの政略を阻害するの手段に出るべきか、今や我々は一刀両断の決断を下さざるを得ない境遇に立ち至った。
>
> （『明治天皇紀』10）

伊藤は再考の理由を示し、山県をはじめとする列席者もそれに同意した。開戦リスクは高いが、一年後には日本は戦わずしてロシアに屈服を余儀なくされるだろう。その場合、満韓どころか日本本土そのものがロシアの脅威にさらされることになろう。時間的要素に促迫される形で、日本は対露開戦というルビコン河を渡ったのだ。

その後、権力の深奥部では桂首相の辞職騒動などもあったが、これは内閣の存在意義を元老に再確認させるための桂の政治的パフォーマンスと見るべきだろう。

予は諸君と冥府にて再会しよう

一九〇四年二月四日、御前会議は対露開戦を決定した。日清開戦時と同じく、山県は阿吽《あうん》の呼吸で伊藤のリーダーシップに応えた。伊藤への山県の言葉が残っている。

最善の努力を払うことはもちろんだが、万一敗北した場合には日本は言うに忍びがたい困難に遭遇するだろう。その時、もはやわれわれ軍人は生きてはいないはずであり、国家の将来については一に卿《けい》〔伊藤〕の努力に俟《ま》つしかない。その時の卿の苦慮には死に勝るものがあるだろう。

（『山縣公のおもかげ』）

そう言って山県は伊藤の手を握った。実際、山県は死をも厭《いと》わぬ覚悟だった。出征軍の師団長らを集めて彼らの奮起を促したとき、ある将軍が「極力やって参りましょう」と答えた。

そのとき山県は憤然色をなして、「国を挙げての大戦に我々軍人は皆万死を期さねばならない。〔中略〕再び生還を期するなかれ、予は諸君と冥府《めいふ》〔あの世〕にて再会しよう」と述べたという（『山縣公のおもかげ』）。

このとき、山県も伊藤もそして明治天皇も「懸崖《けんがい》に臨む」、すなわち、切り立った崖の淵《ふち》に立って谷底をのぞき込む心境であった。御前会議では毅然としていた天皇も、宮中に戻るや日本の運命を想ってひそかに涙を流した。伊藤もまたロシア軍が九州に上陸してきたら、自ら兵卒とともに前線に立つ覚悟であった。

日露戦争の意義

一九〇四年二月八日、日本海軍は旅順港外のロシア艦隊を攻撃した。一〇日、日本はロシアに対して宣戦を布告した。日露戦争の始まりである。

この戦争は第一に、日本列島防衛のための戦争だった。開戦劈頭《へきとう》、日本海軍が旅順港を攻撃したのは、大陸侵略の衝動に駆られていたからではなく、そこがロシア太平洋艦隊の策源地だったからだ。開戦寸前の伊藤や山県の逡巡ぶりから見ても、ロシアが海軍力で日本本土を直接脅《おびや》かさなければ、日露間に妥協が成立する可能性は相当あったように思われる。

第二に韓国「独立」擁護のための戦争だった。それは日本による韓国領内への軍事侵攻や内政干渉と表裏一体であり、この点が日露戦争＝帝国主義戦争論の論拠になっている。ただこの理解に立つにしても、明治国家が韓国の国家的解体を決意するのは意外と遅く一九〇七年以降であり、それまでは韓国の「近代化支援」に日本側の公的努力は注がれていることに留意すべきだろう。

第三に、それは「支那保全」のための戦争だった。ロシアの満洲領有は清国崩壊のきっかけとなり、独仏などの介入によって清国分割は現実のものとなるかもしれない。それを阻止するためにもロシアの満韓侵略は押し止められねばならなかった。

山県や日本政府が危惧していたのは、黄禍論を口実とする独仏、特にドイツの軍事介入であり、それを避けるためには清国の参戦阻止は絶対に必要だった。政府は、日露戦争は白色人種対黄色人種の戦いであるとのロシア側の政治宣伝を躍起になって否定すると同時に、清国における排外主義の動向にも神経を尖《とが》らせていた。

日露戦争前後から、列強による清国の領土的分割を阻止するという「支那保全」論は、山県の清国政策や国防政策の根底に据えられるようになる。問題はそこでの日本の役割である。英米との協調の枠内で支那保全を追求するのか、それとも日本単独で行うのか。後者は清国保護国論に繋がりかねない議論だった。前者を重視したのは伊藤だったが、日清戦争時の「朝鮮政策上奏」に明らかなように、もともと東亜の覇権掌握を夢みていた山県は、時に後者の立場を取るようになる。

戒厳令

ここで目を国内に転じよう。戦時体制では軍部の存在感は当然大きくなる。桂は日本全国に行政戒厳を宣布してロシア軍の本土上陸に備えようとしていた。この場合、治安維持には軍部が前面に出る。

ところが、山県はそれには慎重だった。戒厳令は軍事戒厳として長崎・対馬などの要塞地帯に宣告されるにとどめられた（一九〇四年二月）。治安はできる限り警察が担うべきであり、軍隊が人民と対峙するのは極力避けるべきだ。山県のそうした姿勢はここでもまた堅持されている。

戦時下にも関わらず、日本国内ではいまだ相当の言論出版の自由が確保されていた。そのことは明治天皇を揶揄したと受け止められかねない詩句を含む、反戦歌（「嗚呼弟よ君を泣く、君死にたまふこと勿《なか》れ」）を詠った与謝野晶子が、官憲の弾圧を被らなかった事実によく示されている。

3　元老・参謀総長としての戦争指導

満洲軍総司令部設置問題

さて、日清戦争では山県は自ら戦場に赴いたが、日露戦争では国内にとどまり、元老・参謀総長として後方から戦争指導に携わった。

当初、陸軍では児玉を中心に大本営の大陸への推進が検討されていた。だがさまざまな議論を積み重ねたのちに、大山や児玉ら参謀本部スタッフを現地の「満洲軍総司令部」に横滑りさせ、本国の大本営内に留守参謀本部を置くことになった。

人事構想と権力配分との間には強い相関関係が存在する。大山や児玉は出先の軍事組織に人事権をも含む広範な権限を付与することで、山県の介入を制度的に押し止めようとした。山県はそうした動きを察知し、兵站《へいたん》や経理・人事などの権限を除いた「中間機関」を大本営と現地部隊との間に置くべきだとの意見を上奏した（五月二三日）。その結果でき上がったのが満洲軍総司令部である。

山県や桂、寺内は旅順攻囲軍の指揮権は大本営が握るべきだと主張していた。南北二正面作戦のリスクを考えれば、満洲軍総司令部は遼陽方面での作戦に専念すべきだからである。

結局、双方の妥協によって決着が付けられ、満洲軍総司令部の総司令官には大山巌が、総参謀長には児玉がそれぞれ就任した。第三軍司令官には乃木希典が着いた。満洲軍総司令部は旅順と遼陽という南北二つの戦場を同時に管轄するとされ、旅順攻囲軍たる第三軍は満洲軍総司令部の下に置かれた。

山県・桂・寺内の二〇三高地攻略論

日本にとって日露戦争の最大の課題は、ロシア・バルチック艦隊の極東への来援以前に旅順要塞を落とせるか否かにあった。当初、児玉らはそれに楽観的であり、遼陽と旅順の同時攻略も可能だと考えていた。

一九〇四年八月一九日に行われた旅順要塞に対する第一回総攻撃は、もう一歩のところで失敗に終わった。作戦は長期化の様相を呈し始め、日本の最高統帥は危機的状況に陥った。かつての権限問題が要塞の攻撃重点をめぐる論争として再燃し、山県や桂・寺内は旅順港内を望む二〇三高地の攻略を強く主張し、要塞主防御線の突破を重視する大山・児玉との対立は先鋭化した。

結局、児玉が旅順に出向いて直接攻略作戦の指揮を執ることになり、一二月五日、二〇三高地は陥落した。そして一ヵ月余りの激戦の後、一九〇五年一月一日、旅順のロシア守備軍はついに降伏した。

その後、日本陸軍は奉天以北にロシア軍を追い上げたが、決定的な打撃を加えることはできず（三月一〇日、奉天会戦）、戦争は膠着《こうちゃく》状態に陥った。最早和平の潮時である。児玉は秘密裏に帰京して政府要路に早期和平を強く働きかけた。

宮中における桂の台頭

この間、宮中では桂の存在感が重みを増しており、山県参謀総長からの上奏についても、明治天皇は必ず桂首相に意見を求めるようになっていた。樺太占領作戦（一九〇五年七月）の当否については、天皇は山県よりも先に桂にその意見を質している。宮中においてもまた、桂は山県の権力に肉薄しつつあった。「余は参謀総長に就任してより、信を陛下に薄うせり」。山県は長岡外史参謀次長にそうこぼしている。

奉天会戦は山県にとっても予想外の大勝利で、山県はこれをきっかけに講和の糸口が開けると期待していた。しかし、ロシア軍は北満洲の中心都市ハルビンを根拠地とする反攻作戦の準備を進めていた。

山県は早期和平への打開策を見出せなかった。いまは敵の南下を待つよりも、ハルビンに対して攻勢をとるしかない。だがそのためには相当な兵力の増強が必要となり、国民にはさらなる租税負担を強いることになろう。また、仮にハルビンやウラジオストクを攻略したとしても、ロシアが和を請うてくる保障はまったくなく、わが国としては「今後数年間の戦争を継続」する覚悟を固めるしかない。山県は寺内の同意を得た後、桂首相と小村寿太郎外相・曾禰荒助蔵相にそのような意見を述べている（三月二三日付「政戦両略概論」）。

講和に関する山県の意見

ところが、五月二七日の日本海海戦によって局面は一変する。

連合艦隊は対馬海峡でバルチック艦隊をほぼ全滅させ、日本が決定的な敗北を喫することはなくなった。伊藤と児玉は早期和平に大きく舵を切り、山県もまた愁眉《しゅうび》を開く。八月一〇日、アメリカ東海岸のポーツマスで講和会議が始まった。

日本政府や民間世論のなかには、日本軍はハルビンや沿海州まで侵攻して、ロシア領の一部を割譲させるべきだとの意見も存在していた。それを主に唱えていたのは対外硬派と外務省の一部、小村寿太郎や山座円次郎《やまざえんじろう》政務局長などである。もちろん、陸軍内部にも領土割譲派は存在し、たとえば満洲軍参謀の福島安正《ふくしまやすまさ》などは、一、沿海州およびサハリンの領有、二、賠償金の獲得、三、シベリア鉄道要地の保障占領、四、満洲権益の全面的対日譲渡、といった講和条件を唱えていた（福島「戦後処分案（露国）」）。

一方、山県の講和条件案は冷静で抑制的だった。満洲については、ハルビン―旅順間鉄道の譲渡と関東州租借地の継承で満足すべきだとし（山県「戦後経営意見書」）、韓国についても、内政干渉による統治改革の必要性は認めていたが、併合云々には触れていなかった。

日露戦争末期の戦争指導では、陸上での追加的勝利をもぎ取って、より有利な条件で講和会議に臨もうとする桂・小村と、国力の限界を冷静に見極め、早期講和に持ち込みたいとする伊藤・児玉との間に意見の相違が見られた。そして、山県や大山は伊藤・児玉ラインに同調し、結局、桂・小村もそれに歩み寄っていく。

宮中における山県

陸軍では積極的にリーダーシップを執ろうとした山県だったが、国家意思決定に際してはつねに伊藤に一歩を譲っている。山県の保身とも見えるが、それは両者の天皇観の違いの現れでもあった。

君主の権力を憲法の枠組みのなかで相対化しようとした伊藤に対して、「尊王の政治家」たる山県は玉座の前では抑制的に振る舞いがちだった。伊藤は大っぴらに意見を戦わせたが山県は比較的寡黙だった。だが、それは時に裏面での政治工作をともなっていた。

八月二八日、桂は伊藤・山県・井上の三元老と閣僚を首相官邸に集めて、ポーツマスの小村に和平に踏み切るよう訓令する旨を諮り、列席者全員の承認を得てから宮中の御前会議で最終決定を下した。

ところが、官邸会議が終わった後で、山県は「軍事及経済の事情を熟慮し」との訓令の文面から、「軍事」という文言を削除するよう桂に捻《ね》じ込んできた（『原敬日記』一九〇七年五月二六日、一九〇五年八月二八日付桂宛山県書翰、同九月三日付桂宛山県書翰）。山県は自己と陸軍の体面を保とうとしたのである。結局、すでに上奏済みということで引き下がったが、それは「開かれた政治的態度」とはほど遠いものであった。

桂に言わせれば、「山県は〔中略〕表面に反対せずしてなかなか執念深く反対する性質」であり、時に会議の席上での議論を後になって覆そうとした。この場合、割を食うのは取りまとめ役の首相桂であり、こうしたこともまた両者の不和の一因となっていく。

児玉との確執

日露戦争の一部始終を通じて児玉源太郎の台頭は顕著であり、山県は児玉ともしばしば衝突した。満洲軍司令部の編制問題はもとより、旅順攻略作戦や樺太占領作戦でも山県と児玉は激しくやり合ったが、なかでも深刻だったのが、一九〇五年八月に起こった参謀総長の命令権をめぐる両者の対立である。

山県参謀総長は大山巌満洲軍総司令官に「参謀総長」名で命令を出していたが、これは厳密には「参謀総長奉ず」とすべきだった。「奉ず」という語句を入れることで、「天皇の命令を代行する」という意味が明確になるからだ。「参謀総長」だけだと、参謀総長が統帥権を直接行使している印象を受令者に与えかねない。もちろん、山県に大権壟断《ろうだん》の意図などなかっただろう。だが、参謀総長権限のなし崩し的拡大には歯止めをかけねばならない。児玉は山県の権力運用のあり方にあえて異議を申し立てたのだ。

児玉との応酬は軍事機密の枠内で行われており、それが外部に漏れることはなかった。とはいえ、児玉の批判に山県が心証を害さなかったわけがない。それは、講和条約締結後の桂後継首班問題にまで影を落とすことになる。

次章で触れるが、この事件の背後には参謀本部の憲法上の位置を明確化し、帷幄上奏権の縮小に繋げようとする児玉参謀次長と寺内陸相の動きがあった。

ポーツマス講和――日露戦争の民主化効果

一九〇五年九月五日、日露講和条約（ポーツマス条約）が成立した。日本は賠償金こそ得られなかったものの、韓国の「独立」をロシアに認めさせ、その保護権を確立するとともに、旅順―長春間の東清鉄道南部支線の経営権と関東州の租借権を譲渡させ、さらに南樺太を再領有することができた。

日本の利益線は朝鮮半島全域から南満洲にまで拡大し、八月には日英同盟も攻守同盟化されていたので（第二回日英同盟）、日露戦後の日本は一躍世界列強の一角を占めるようになった。

日露戦争は、日本はもとより藩閥勢力にとっても大きな試練だった。だが、戦勝によって彼らの威信は大いに高まった。大山や児玉はもとより、戦時宰相としての務めを果たした桂の自負にも相当のものがあった。また、早期講和を支えたことで、政友会と藩閥勢力との関係は少なからず好転した。

ここで注目すべきは日露戦争の民主化効果である。

戦時非常特別税の増徴の結果、直接国税一〇円以上という納税資格をクリアした有権者数は七六万人から一五九万人（一九〇八年）へと飛躍的に増大した。つまり、陸軍の対抗勢力たる政党の権力基盤と発言力は飛躍的に強化されたのである(『近代日本の戦争と政治』)。日露戦後には、政友会総裁の西園寺公望と官僚系の桂太郎が交互に政権を担当する疑似的な二大政党制が成立し、日本憲政史上屈指の安定的政治体制が成立する。これを「桂園体制」と呼ぶが、それは山県系官僚勢力と衆議院第一党たる政友会との微妙な勢力均衡の上に成り立っていた。

では、桂園体制のなかで、山県の権力的位置はどのように変化していっただろうか。それは次章でみていこう。

第7章　明治の終焉——一九〇五～一二年

1　揺らぐ権力——桂太郎・児玉源太郎の挑戦

山県をめぐる権力状況

さて日露戦争の後、伊藤博文は国制改革を再始動する。それは児玉源太郎を経て桂太郎や寺内正毅をも動かし始めており、「山県閥ナンバー2」の桂は独自の権力基盤を大蔵省などの中央文官官庁のなかに築こうとしていた。

山県の政治権力には微妙な翳《かげ》りが見え始めていた。宮中での山県の勢威は伊藤に次いだが、ここでも桂の台頭は目覚ましく、彼は元老としての地位をうかがうようになる。

もっとも、権力最深部での動きは外からは見えにくい。政友会や薩派陸軍のイメージでは、山県系官僚閥は相変わらず「山県の一糸乱れぬ統制」に服する上意下達《じょういかたつ》の組織だった。

しかし、権力の頂点に立つ山県が見ていた景色はまったく異なっていた。自らの政治権力

桂 太郎（中央左）と西園寺公望（中央右）　1901～13年まで交互に首相を担う桂園時代を築いた

の揺らぎを挽回するためにも、権力は外部へと拡大されねばならなかった。とりわけ帝国の運命を担う膨張の尖端《せんたん》、南満洲や韓国は権力闘争の主戦場だった。

この頃、山県は衆議院における第三党擁立を構想する（「三党鼎立《ていりつ》論」）。その動機の底には、桂と西園寺公望が政権交代を繰り返す、いわゆる桂園体制への反感があった。また、都市部をおもな支持基盤とする対外硬派と社会主義勢力、特に後者は山県にはコントロール不能な異物のように見えた。農村社会にはそれなりの土地勘を持っていた山県だが、大衆が流動する都市部は捉えようがなく、彼の不安をいっそうかき立てた。

日露戦争までの山県は、自派の法制官僚や軍官僚などを通じて、相当柔軟な政策的対応能力を示していた。だが、日露戦争後にはそうした柔軟性や政策的創造力よりも、保守的な姿勢が目立つようになり、やがてそれは「尊王」精神に回帰していく。彼の関心は「国体」と一体化した自らの政治権力を内外の敵対勢力から防衛することに向けられるのである。

廃兵問題と日比谷焼打ち事件

日露戦争での日本側の戦死者は約八万五〇〇〇人に及び、戦費は山県の当初の予想をはるかに超え一九億円もの巨額にのぼった。その多くは外債で賄われ、償還のための非常特別税継続は避けられなかった。他方、人々は戦争が無賠償講和に終わったことに強い不満を抱き、特に都市下層社会ではそれが顕著だった。

すでに一九〇五年（明治三八）四月、山県は重度の戦傷を負った士官や兵隊を養護する廃兵院の設置を提言していた。「従軍士卒の情態、誠に憫《あわ》れむべきものあり」。山県はこう述べ、彼らの犠牲に応えるためにも国家による手厚い介護が必要であると続ける。事態を放置すれば「社会階級間の嫉視《しっし》反目」は避けられないだろう（「廃兵院設置に関する意見」）。廃兵院は一九〇六年四月に発足する。

九月五日、ポーツマス講和条約を「不当な平和」と見なす旧対露同志会系などの対外硬派は、東京の日比谷公園で戦争継続を訴える大衆集会を開いた。それは、都市下層民を中心とする一大暴動を誘発する。日比谷焼打ち事件である。

このとき山県は軍隊による鎮圧をためらわなかった。憲兵の銃声は皇居まで届き、それを聞いた天皇は激しく動揺した。ロシアにおける「血の日曜日事件」（一九〇五年一月）の記憶はまだ新しかった。桂内閣は東京に戒厳令を布告する。

山県は日比谷焼打ち事件の余波が「内外百万之《の》兵隊」に伝播《でんぱ》し、ひいては「満洲駐屯軍に感染浸潤」することを強く警戒した（九月二〇日付大山巌宛山県書翰、『公爵山県有朋伝』下）。一見大袈裟《おおげさ》な反応のようだが、この一年後、のちに国家社会主義者となる若き日の北一輝が、「彼ら〔満洲軍の将兵〕は凱旋者にあらずして法律戦争を戦わんが為めの進撃軍なり」と喝破し、徴兵制と制限選挙制度との矛盾——「貧乏人」の子弟は徴兵はされるが選挙権はない——を世に問おうとしたことを思えば（『国体論及び純正社会主義』）、山県の反応には相応の論拠があったと言わざるをえない。もっとも、山県が北の「危険思想」に触れていたかどうかは不明である。

後継首班問題

日露講和の成立により桂首相の勇退が政治日程にのぼると、官僚閥では後継首班に児玉源太郎の名前が囁かれ始めた。

しかし、桂は西園寺への政権禅譲を、すでに一九〇四年一二月の桂—西園寺・原敬の秘密会談で決めており、これを契機に後継首班指名に対する山県ら元老の発言権を封印しようと考えていた。なお、伊藤博文は児玉内閣構想を温めていたが、児玉に組閣の野心はなかった。

この間、早期講和を支持した政友会の株は大いに上がっており、対外硬派に強い嫌悪感を覚えていた山県は、桂が提案した西園寺内閣構想にすぐに同意する。ジャーナリストの前田《まえだ》蓮山《れんざん》は、桂や児玉への反感から山県はあえて西園寺首班説に賛成したと述べているが、山県の心事に即して言えば的を射た観察だろう（『政変物語』）。

一九〇六年一月、第一次西園寺内閣が成立した。政界での世代交代は着実に進み、政友会では原敬の台頭が顕著だった。もっとも、西園寺内閣の政友会出身閣僚は原内相と松田正久《まつだまさひさ》司法相の二人に過ぎず、実態は政官混交内閣だった。

古稀庵の造成——政治との距離感

この時期、山県の政治姿勢にも微妙な変化が見られた。

彼は大磯の別荘小淘庵《おゆるぎ》を処分して、小田原に新たな「湘南別荘」古稀庵を造成した（一九〇七年敷地取得、〇八年使用開始）。すでに大磯には伊藤博文をはじめ多くの政治家や官僚が別荘を構え、「政界の奥座敷」としての機能を果たしていた。山県はそうした雰囲気の変化にあきたらず、自らの権力への自負もあったのだろう、あえて遠隔の小田原に別荘を移した。やがて古稀庵は目白の椿山荘に代わって、本宅としての機能を果たすようになる（『近代日本の統治と空間』）。

平和克復後、山県は「さらさらと木かくれつたひ行く水の　流れの末に魚の飛ぶ見ゆ」との歌を詠んでいる。この歌は、細く長く流れてきた日本の国運が大きく広がって大海となり、その海面に金鱗が躍っている光景を描いたものと解釈できる。

講和条約締結後しばらくの間は山県も安堵感を覚えることが多く、それが政治から一定の距離を置く心理的な働きとなったのかもしれない。

常磐会の発足

山県と文化的サークルとの関係も新たな段階を迎えていた。

一九〇六年九月、山県は森鷗外や賀古鶴所（鷗外の親友）、井上通泰《いのうえみちやす》（柳田国男実兄）らとともに歌会「常磐会《ときわかい》」を発足させた。同人はわずか七人余り、毎月一回例会を椿山荘や古稀庵などで開き、そのときの歌題ごとに同人やその門弟から寄せられた歌から佳作を選び、それを皆で高評し合うというものだった。山県は「音羽大助」（のちに古稀庵主）という名で歌を寄せていた。茶人高橋箒庵《たかはしそうあん》との交流が親密さを増していったのもこの頃のことである。

他方、大日本武徳会はすでに一九〇三年には全国三七支部、会員数七六万人余を擁し、日露戦争の勝利によっていよいよ隆盛をきわめていた。ところが、会の実権は山県系警察官僚の大浦兼武が握るようになり、原敬内相との関係には微妙なものがあった。

山県は「一介の武弁」という自意識を終生持ち続け、毎朝槍の稽古に余念がなかった。だが、武徳会との関係はそれほど濃密ではなく、日露戦後には文人趣味への傾斜が決定的となる。

政治化する趣味の世界

山県にとって常磐会は高橋ら数寄者との交流と並んで、日々の政治生活からの息抜きの場だった。鷗外によれば、二番目の妻貞子も時に歌を寄せ、「今度のお前の歌はよかった」などと、二人は楽しそうに語らっていたという。

山県はすでに六八歳、愛妻友子を失い、息子にも恵まれなかった。桂や児玉・寺内などの陸軍関係者とも微妙な距離があった。歌会や茶会といった文化的催しは、彼にとって必要不可欠な憩いの場だった（『もうひとつの山県人脈』）。

ただし、山県ほどの権力者になると、たんなる趣味の集いですらも一定の政治性を帯びてくる。歌を詠むという行為それ自体、国風を愛した明治天皇との親近性を高めることに繋がるし、茶会や歌会は政治的な情報交換の場にもなる。

特に宮中歌会始は天皇との特別な関係を確認する場でもあった。山県は周到にそれに臨み、歌会始で披露される自分の歌については、歳末の天機奉伺《てんきほうし》（天皇の御機嫌伺い）で天皇の内覧を経るのを常としていた。ところが、一九〇八年の歌会始では、山県の詠んだ歌三首（御題は「社頭松」）はいずれも落選の憂き目をみる。宮中における山県の存在感にも翳りが見えていた。

山県の軍事的満洲経営論

さて、日露戦争に勝利した日本はその後「満韓経営」へと乗り出し、一九一〇年には韓国を併合するが、それは大陸侵略路線の必然的な帰結だったのだろうか。

日露戦争は何よりも国家の存立を賭けた戦いであり、講和成立直後には為政者間にその感覚は強く残っていた。彼らは戦勝に驚き喜びながらも、冷静な判断力を失っておらず、大陸に深入りすることにも自制的だった。伊藤博文はその筆頭に位置していたが、山県はどうだったろうか。

当時の日本は財政逼迫状況のなかで戦後経営を行なわねばならず、山県にとってそれは満韓経営問題と陸軍軍備拡張問題に他ならなかった。両者は密接に連動し、陸軍の権力的位置にも関係していた。

山県から見れば、満洲は来るべきロシア軍との「戦場」にすぎず、日本に富をもたらす「植民地」ではなかった。満洲は人口稀薄であり、鉄道からの収益などはまったく期待できない。山県は満洲の鉄道はロシアとの再戦に備えるための官有「軍用鉄道」として経営されるべきだと主張していた。

満洲経営に冷淡だったのは山県だけではない。門戸開放を重視する伊藤博文や井上馨はアメリカを満韓経営に関与させようとしていた。桂も同様で、一九〇五年一〇月には来日したアメリカの鉄道資本家エドワード・ハリマンとの間に満洲鉄道の共同経営についての覚書を取り交わしている。それはポーツマスから帰国した小村寿太郎によって破棄されたが、この間、山県は傍観者的態度に終始していた。

満洲問題に関する協議会

当時、国際社会では日本軍による満洲占領の長期化が懸念されていた。一九〇六年五月に、元老と西園寺内閣の主要閣僚が出席して開かれた「満洲問題に関する協議会」では、早期の軍政撤廃を満場一致で決定している。その際、清国施政下での権益のあり方も議論されたが、内閣に拓殖務省のような官庁を設けて積極的満洲経営を推進すべきだとの児玉の議論は、門戸開放原則を重視する伊藤の逆鱗《げきりん》に触れて潰されている。

このとき山県は児玉に「自らが内閣総理大臣の地位にある心得で、万事を処理して貰いたい」と述べ、伊藤の議論に同調した。

消極的意見の背後には「北守南進論」があった。山県は揚子江盆地以南の生産力の豊かさや台湾海峡の戦略的価値に注目し、経済力豊かな清国本土への進出を重視すべきだとしていた（「帝国国防方針私案」）。田中義一（長州、参謀本部員）などは、いつの日か日英同盟を破棄して日露同盟を締結し、英国の極東利権を奪取すべきだとまで論じていたが（田中「随感雑録」）、さすがに山県はそこまで踏み込んではいない。

話を満洲経営に戻す。児玉の積極的経営論は潰されたが、彼の行政手腕は山県や伊藤も認めており、彼らは児玉と後藤新平（前台湾民政長官）による安価で効率的な満洲経営の実現に期待を寄せていた。そして一九〇六年一一月には、南満洲鉄道株式会社（満鉄）が創立された。

この後満洲では、満鉄と関東都督府（一九〇六年八月開設。都督は陸軍大将または中将）、奉天総領事館という三つの機関が勢力争いを展開する。これは「三頭政治」と呼ばれるが、山県は陸軍側出先機関としての都督府の権限を一貫して守ろうとし、都督の武官専任制の維持に腐心している。

2 大軍備拡張の追求――大陸関与の代償

陸軍軍備拡張問題

では、陸軍軍備拡張問題はどうなったのだろうか。

山県はポーツマス条約成立以前から、ロシアの対日復讐戦争に備えるための陸軍大拡張を唱えていた。六個師団増設、平時二五個・戦時五〇個師団構想である。

一方、一九〇六年四月、新たに参謀総長に就任した児玉は、平時一九個から二〇個・戦時四〇個師団もあれば十分だと考えていた。児玉案は戦時中に策定された既定軍備計画の枠内に収まっており、大蔵省の財政健全化路線や政友会の戦後経営論とも両立可能だった。

児玉は山県との論争に闘志を燃やし、両者の対立は抜き差しならないものになりつつあった。だが、この後事態は急転する。七月二三日、児玉は脳溢血のため卒然とこの世を去ってしまった。

「超えばまた里やあらむとたのみてし、杖さへ折れぬ老の坂道」。山県はこう詠って児玉の死を悼んだが、主導権回復の絶好の機会を見逃さなかった。彼は後任に乃木希典を据え、参謀本部を意のままに動かそうとしたのである。

ところが、明治天皇は山県の意見を容れず、参謀総長には薩派の奥保鞏《おくやすかた》が就く。もっとも児玉に比べれば、奥ははるかに御しやすい存在だった。

帝国国防方針の策定

国防方針策定の主導権はこうして山県の手に落ちた。山県は田中義一の意見を聞きながら「帝国国防方針私案」（山県封事。封事とは密封して君主に奉る意見書のこと）を作成し、それを天皇に上奏した。

以後、山県封事をベースとして陸軍省や参謀本部で議論が重ねられ、海軍との調整や西園寺首相による兵力量、つまりは軍備拡張計画のチェックなどを経て、翌一九〇七年四月、国防政策の基本的指針たる「帝国国防方針」が成立する。

帝国国防方針では「開国進取の国是」が謳い上げられ、数多の犠牲を払って獲得した満洲および韓国の利権と、アジアの南方や太平洋の彼方に展開しつつある「民力の発展」とを擁護・拡張するために、陸軍は平時二五個師団・戦時五〇個師団を、海軍は戦艦八・装甲巡洋艦八からなる八・八艦隊を整備すべきだとされた。

もっとも、財政当局や寺内陸相の意見を容れて、陸軍は平時一九個師団を、海軍は五・七艦隊、つまり戦艦五・装甲巡洋艦七を当面の軍拡目標としていた。さらに、西園寺首相の奉答文の趣旨をも汲んで、残余の六個師団増設（戦時二五個師団）は財政緩和の折を見て行うとされた。

戦後経営での「軍事」の肥大化

とはいえ、平時一九個師団態勢が発足し、残余一個師団が増設されれば、一七年後には戦時総兵力一三六万三〇〇〇という欧州大陸列強なみの大陸軍が出現する。日露の緊張が緩和もしくは消滅すれば、この巨大な軍事力は軍事的北守南進策にも転用可能となる。つまり、ドイツ流の「世界政策」も遂行可能となる。

日露戦後のごく初期には、井上馨ら財政関係者は軍備拡張を抑制し、満洲経営の国際化によってロシアとの再戦防止に努めるべきだと考えていた。だが井上らの軍縮路線は早々に放棄される。講和条約への国民世論の不満が社会不安と結合するならば、由々しき事態を惹き起こしかねない。そうした恐れは広く為政者間に共有され、彼らは山県の対露軍事均衡論に有効に反駁《はんばく》できなかったのである（『原敬日記』一九〇五年一二月一四日）。

ところが、当の山県は平時一九個師団でもなお足らないと考えていた。一九一〇年頃から、彼は平時三三～三四個師団構想という途方もない軍備拡張計画を主張し始めるが、その政治的伏線はすでにこのときに張られていたといえる。

一方、寺内は山県のやり方に違和感を覚えていたのだろう、のちに自らの内閣では国防方針補修案を閣議に諮っている（一九一八年）。寺内は内閣をもっと国防政策に関与させねばならないと考えていたのだ。

国防方針の策定によって日英同盟の軍事的基盤は固まった。それではこの間、韓国問題はどうなっていたのだろうか。

伊藤との軋轢——韓国統監の兵力使用権問題

一九〇五年一二月、第一次桂内閣は韓国に統監府を設置した。統監府は韓国政府の外側に置かれた日本の出先機関であり、外交・財政権を管轄して韓国政府をコントロールし、内閣制度の導入などの近代化政策を韓国政府に強要するための機関だった。

初代韓国統監には伊藤博文が就任した。明治憲法の制定者を自任していた伊藤は、韓国に近代国家を建設できるのは自分だけだと確信していた。そして文官であったにもかかわらず、韓国駐屯日本軍の指揮権を要求した。出先陸軍を抑え込むためである。

当然、山県はこれに猛反対した。ところが寺内は伊藤に理解を示しており、明治天皇も同様だった。韓国統監の軍事指揮権は、明治憲法体制下において文官が軍隊指揮権を掌握した唯一の事例となる。

伊藤は韓国と韓国人のなかに近代化の可能性を見出していた。彼は韓国に責任内閣制や二院制議会を導入することも考慮しつつあり、そのためにも憲兵政治の解消＝文官統治は必須だった。

韓国義兵闘争

一九〇七年六月のハーグ密使事件――韓国皇帝・高宗がオランダのハーグで開かれた万国平和会議に密使を派遣して、自国の独立を訴えた――と、それに連動して韓国全土で勃発した義兵闘争によって事態は急転する。

伊藤の政策は流血の惨事のなかで行き詰まった。彼は軍事力による鎮圧に踏み切り、山県は韓国皇帝の天皇への譲位を主張し始める。日韓同君連合による「合邦」への地ならしである。だが、それは時期尚早と判断され、高宗は皇太子に譲位している（『原敬日記』一九〇七年七月一〇日）。

山県や桂は、併合によって初めて韓国の近代化と朝鮮半島の安定は実現すると考えていた。伊藤もこの頃から、併合やむなしとの意見に傾く。のちに山県は日露戦後の桂園時代を回顧して、「治績」は韓国併合だけだと言い放つが、それは自らの政治的影響力低下への憾《うら》みの声であると同時に、彼が早くから積極的併合論者であったことを裏書きしている。

韓国義兵闘争が日本に与えた衝撃は非常に大きい。それは一九一〇年八月の韓国併合への決定的な転換点となり、韓国併合によって日本の主権線は鴨緑江にまで延び、利益線は南満洲にまで拡大した。

桂などはこの後も南進論に注意を喚起し、植民地総督文官制の導入も検討している。しかし全体として見れば、韓国併合は日本の大陸国家化への大きな分岐点となったことは確かだ。そして、山県もまたこの頃から積極的満洲経営を唱え始める。

軍令の制定と寺内による換骨奪胎

話を少し前に戻す。韓国における文官統治体制創出の試みは、日本における統帥権改革と連動しなければならない——。伊藤はそう考え、帝室制度調査局総裁として憲法付属法である「公式令」を立案した。

一九〇七年二月、第一次西園寺内閣は公式令を公布した。それは、すべての勅令・法律に首相の副署（サイン）を求めることを通じて、国政全般への首相の統制力強化を狙ったものだった。首相が制定に関与できない軍事関係の勅令、つまり帷幄上奏勅令はこれで一切出せなくなる。

当初、山県は公式令制定の意味に気付かなかった。だがその絶大な政策効果を察知するや、即座に改正を寺内陸相に要求している。しかし、伊藤・寺内はそれに応じず、山県は勅令の外に新たに「軍令」という命令形式を設けて、天皇の署名と陸海軍大臣の副署だけで出せるようにした。帷幄上奏事項を「軍令」のなかに囲い込んで、内閣の関与を排除したのである。しかも、山県は軍令第一号で軍令を制定するという強硬策に出た。

もちろん、伊藤や寺内は事態を傍観していたわけではない。寺内はいままで帷幄上奏で制定してきた事柄であっても、行政の範囲に属すべきものは勅令で公布するとの方針を打ち出し、これが実際の運用指針となった。

山県自身も自らの勇み足に気付いて、部下に向かって軍令の濫用を厳しく戒めている。結局、「山県の途方もなき案」（原敬）は寺内によって換骨奪胎《かんこつだったい》され、軍令の運用は抑制された。

内閣機能の強化と山県の政治的後退

以上見てきたように、日露戦後の山県の政治的影響力には退潮の兆しが見え始めていた。政党勢力や薩派といった「外部勢力」の抵抗によって妥協を余儀なくされることは以前にもあったが、今度は寺内・児玉という腹心の造反であり、山県はそれを抑え込むことができなかった。伊藤との意思疎通も十分ではなく、政友会結党以来こじれていた関係はさらに悪化していた。

薩派陸軍の凋落《ちょうらく》も山県にとっては打撃だった。山県は海軍にはつねに遠慮気味であり、厄介な利害調整は薩派の大山巌に委ねていた。ところが、日露戦後の大山は自らの政治的関与を控えるようになり、この方法は使えなくなっていく。

だがそれは、予期せぬ波及効果をもたらした。陸相・海相は軍備拡張予算をまず首相に諮るようになり、内閣が軍備拡張の先後緩急を調整する役割を徐々に発揮し始めたからだ。これは第一次西園寺・第二次桂両内閣に共通して見られる傾向であり、寺内陸相や斎藤実《さいとうまこと》海相は陸海軍の利害をそれぞれ巧みに調整し妥協点を探っていく。とくに、桂首相は積極的に政軍間の予算調整に動いている。

この間、一九〇七年に日仏協約・日露協約が相次いで成立し、極東の緊張緩和は束の間実現していた。また、最終調停者の明治天皇も健在だった。したがって、これらの条件が失われたとき、陸軍・海軍・政党勢力三者間の軋轢は増大し、体制は一気に不安定化する。

郡制廃止問題と貴族院支配の進展

さて、山県の権力に挑戦したのは「内輪の人々」だけではない。一九〇六年三月、第一次西園寺内閣は郡制廃止法案を第二二議会に提出した。

郡制はプロイセン地方自治制度の引き写しであり（本書八七頁）、廃止論は児玉内相時代から燻っていた。寺内陸相も、徴兵事務を扱っている郡役所さえ存置されれば、郡制は廃止しても構わないという意見だった。

しかし、郡制は山県の地方自治構想の核心部分である。その廃止は自らの政治的権威の決定的凋落を意味した。法案は衆議院は通過したものの、山県系が多数を占める貴族院では審議未了となった。

貴族院の必死の抵抗は、内相原敬の闘志を掻き立てた。原は「郡制を廃止して山県系を一挙に倒し」、政党内閣への道を切り開こうと考え(『原敬日記』一九〇七年一月一四日)、翌一九〇七年の第二三議会にも郡制廃止法案を再度提出している。この間、山県は原の両院縦断政策——貴族院院内会派たる研究会と木曜会の切り崩し——に対抗して貴族院への統制を強める。同法案は衆議院は通過したが、三月二一日に貴族院本会議では否決される。

この頃、貴族院では十金会《じっきんかい》という山県系議員一二名からなる秘密組織が結成されていた。平田東助、大浦兼武の二人の大幹部が小松原英太郎、田健治郎《でんけんじろう》以下一〇名の幹部を率いて、山県系会派の幸倶楽部を統制する権力構造が形成されつつあった。陸軍とは対照的に貴族院における山県系の統制力は強化されていた(「山県閥貴族院支配の展開と崩壊」)。

第一次西園寺内閣は海軍拡張や鉄道敷設よりも陸軍拡張を優先する姿勢を示していた。一九〇六~〇七年度予算では平時一九個師団整備が計上されていたが、それでも山県の不満は収まらなかった。

一九〇八年七月、鉄道敷設財源をめぐる閣内意見対立が起こると、山県は寺内陸相を辞めさせて内閣総辞職に持ち込もうとする。だがそれを察知した桂は西園寺にいきなり辞意を表明させ、政局の主導権を握った。

七月四日、第一次西園寺内閣は総辞職し、一四日に第二次桂内閣が発足する。桂は西園寺から直接政権を受け継ぎ、組閣に際しても山県の介入を阻止した。また自ら蔵相に就任し緊縮財政の遂行に舵を切った。山県はまたしても桂に裏をかかれた。

国家経営構想分裂の兆し

国家のあり方をめぐって、国家指導部のなかに意見の混乱が生じていた。それは山県閥権力中枢を大きく揺るがし、児玉の離反のみならず、ナンバー2だった桂の「裏切り」、大正政変にまで繫がっていく。

大浦兼武（1850～1918）
薩摩藩出身．警察官として西南戦争従軍．内務官僚後は県知事歴任，1898年に警視総監．1900年に貴族院勅選議員．桂内閣で逓相，内相など．大隈内閣の内相時，過去の買収事件が露見し15年に政界引退

田健治郎（1855～1930）
丹波国の豪農出身．下級官吏から逓信省官僚に．1901年衆院に当選し政友会入党．伊藤博文総裁辞任後，逓信省に戻り次官．06年に貴族院議員．以後，山県系官僚政治家に転身．19年に台湾総督

一九〇七年頃から清国で利権回収運動が高揚し始めると、山県はそれに憤激して満洲権益の死守を唱えるようになる。ロシアによる満洲併合を阻んだのは日本なのに、今更満洲から出て行けとはあまりに虫がよすぎる、清国の対日復讐戦を抑止するためにも、満洲移民の積極的推進と大軍備拡張は必要だというのである。かつての攘夷論者は、隣国のナショナリズムにもっとも強く反発した（一九〇七年一月「対清政策所見」、〇九年四月「第二対清政策」）。

山県の大陸鉄道構想はロシア軍の動員・集中速度から割り出されており、産業開発的な観点は稀薄だった。伊藤や井上馨が鉄道の収益性や経済的意義についても目配りを怠らなかったのとは対照的である。

後発世代の桂や児玉は満洲経営により積極的だった。彼らは満鉄による大規模な植民地経営を展開しようとし、第二次桂内閣は日本—大陸間の大規模インフラ整備、すなわち新橋から下関の鉄道広軌化や博多・下関の大規模築港によって、国内工業力を満洲市場の発展に結びつけようとしていた。桂や腹心の後藤新平は日清間の経済的紐帯を強化すれば、それが緊張緩和に繋がると考えていた。

桂・後藤の積極的満洲経営路線を伊藤は深く危惧していた。それはアメリカの門戸開放原則と衝突する危険性があるだけではなく、清国内の排外的ナショナリズムを刺激し、体制崩壊のきっかけになりかねないからだ。一方山県の清国認識は伊藤と正反対だった。山県は清国が軍事強国化し、台湾や朝鮮の奪還のための対日復讐戦争を挑んでくると考えていたのである。

大陸経営という「未知の政治的領域」への進出は、かえって為政者間の混乱を招き、明治憲法体制を押し揺るがし始める。

権力外交と大軍備拡張論

山県は露清両国の対日復讐戦を深く警戒し、日英同盟の維持・強化を支持した。とはいえ、英国に全幅の信頼を置いていたわけではなく、ロシアとの関係改善にも積極的だった。一九〇七年、一〇年と二度にわたって締結された日露協約は、清国の利権回収要求に対峙し、さらに両国間の信頼関係を深めることによって、再戦リスクの芽を摘もうとするものだった。

山県の外交構想は一言で言えば権力外交である。彼にとって外交は軍事の延長線上にあり、経済的紐帯の強化による友好関係の増進よりも、陸軍の大拡張による軍事的均衡と有事即応態勢の整備を重視していた。

山県は、同盟国の「裏切り」も含めて外交政策の破綻による最悪事態をつねに想定していた。したがって、彼の軍備構想は往々にして日本の国力の限界を超えるものとなっていった。

3　天皇崩御——明治国家との同期感覚

伊藤博文の死と韓国併合

一九〇九年一〇月二六日、伊藤は訪問先の北満洲ハルビンで韓国人安重根の放った銃弾に斃れた。山県がその死を深く悼んだことはよく知られる。彼は「伊藤という人間はどこまでも好運な人間だった。死所をえた点においては自分は武人として羨しく思う」と述べたという（岡『山県有朋』）。山県にとって伊藤の死に方は戦場での討ち死にと同じく名誉ある死だったのである。

伊藤の暗殺は韓国併合への動きを加速させる。一九一〇年八月、第二次桂内閣は京城（漢城を改称）に朝鮮総督府を設置した。併合を現地で指揮したのは第三代韓国統監に就任していた寺内であり、彼はそのまま初代総督に横滑りする。

陸軍はこうして朝鮮統治の実権を掌握した。だが、伊藤の文官統治方針に共鳴していた寺内と山県の関係は微妙であり、桂もまた総督文官制の可能性を探っていた。

同年一一月、韓国併合を待って桂は、念願の鉄道広軌化政策を公にし、第二七議会に建設予算を上程した。だが、国内鉄道網の整備を優先すべきだとする政友会は猛反発する。山県も朝鮮縦貫鉄道の複線化の方が国防上重要だとして反対した。海軍も日本を大陸に深入りさ

伊藤博文（左）と山県

せる桂の政策には冷ややかな態度を示した。こうして四面楚歌に陥った桂は、広軌化政策の棚上げに追い込まれた。

一九一一年一月二九日、桂は政友会に「情意投合」「協同一致」して、ともに「憲政の美果」を収めようと呼びかけた。西園寺はすぐにこれに応えた。八月二五日、桂は天皇に直接西園寺への政権禅譲を上奏し、天皇はこれを容れた。山県枢密院議長への御下問は翌二六日のことだった。

明治国家との同期感覚

伊藤の死もあって、七一歳の山県は人生の終わりを意識するようになった。自らの生涯を顧みる機会も自ずと増えていく。

当時、山県は幕末の往時を回顧して次のように述べている。「国力から云へば、当時の我が国は到底彼等〔欧米列強〕の敵ではない。日本が支那の如き困難を遺さなかったのは、実に不思議の天祐と云ってもよい次第である。今日から之を顧みれば、懸崖に立って千仭の渓を臨むが如き心地する。実にあぶない事であった」（『山縣公のおもかげ』）。

日露戦争という国難を乗り切ったことへの安堵感がこうした感懐を洩らさせたのだろう。山県は明治国家と自らの運命の同期《シンクロニシティ》を強く意識するようになった。「不思議の天祐」によって自分は生かされ、今日に至ったという感覚である。

こうした同期感覚は、伊藤をはじめとする他の元老たちも共有していただろう。ただ山県の場合、この感覚は「神話化された明治維新という歴史的経験への回帰」（『文明史のなかの明治憲法』）へと彼をつねに誘った。時にそれは自らの政治的正統性の核心たる「尊王」を、その出発点である幕末維新期に遡って確認する精神的姿勢・衝動へと繋がっていった。

自らの政治的達成に対する自負と誇り、それは明治国家の運命と一体化して捉えられていた。そのため自らの権力が脅かされたと感じたとき、山県は政治的に過剰に反応するようになる。しかもことは国内に限らなかった。日本は大陸に権益を持つ帝国であり、主権線は鴨緑江にまで延びていた。したがって、時に山県は国際的な君主制の危機にも強く反応する。

一九一〇年五月、長野県下で爆裂弾を製造・実験していた宮下太吉ら数名の無政府主義者が検挙され、芋蔓式《いもづる》に二六名もの「関係者」が逮捕された。そして、天皇暗殺陰謀を企てたとして大逆罪が適用され、大審院（一審限り・非公開）で幸徳秋水《こうとくしゅうすい》、管野《かんの》スガ、奥宮健之《おくみやけんし》ら二四名に死刑判決が下される（翌一一年一月、一二名は大赦により無期懲役に減刑）。いわゆる大逆事件である。

すでに第一次西園寺内閣の頃から、山県は社会主義者の取り締まりが手ぬるいと不満を漏らしていた。「天地をくつがえさんとはかる人、世にいづるまで我ながらへぬ」。山県は事件の衝撃をそう詠った。そして、「社会破壊主義論」と題する意見書を起草して要路に配った（一九一〇年九月）。

そこでは社会主義根絶策として、教育を通じての国民精神の涵養と社会政策の導入による窮民救済に加えて、「社会破壊主義取締法」の制定を主張していた。「社会主義又は社会破壊主義の思想を鼓吹」する結社の禁止を骨子とする思想弾圧法規であり、さすがの桂も制定にはついに踏み切れなかった。意見書の前段部分は恩賜財団済生会の設立や工場法の制定として実現している。

宮下らは天皇暗殺を考えていたし、幸徳はそれを知りながら爆弾の製造法を奥宮から聞き出して宮下に伝えたという（『寒村自伝』）。とはいえ、彼らは実際に天皇暗殺に打って出たわけではない。共同謀議に至っては立件不可能であり、山県と司法当局は「危険思想」の取り締まりにあまりに急だった。

大逆事件は日本の社会主義運動に「冬の時代」をもたらした。そして、それまで比較的自由であった社会の雰囲気は一変した。石川啄木の言う「時代閉塞の現状」である。海外でもこの事件は大きく報じられ、山県や桂、特に当局者の桂には宗教裁判における異端審問官のイメージが重ね合わされた。

しかも、ことはそれだけではすまなかった。「幸徳自身は法廷で、現在の天皇は南朝〔後醍醐天皇〕から皇位を奪った北朝の子孫ではないかと述べて、裁判官を沈黙させた」が（『南北朝の動乱』）、この話を漏れ聞いた山県は、危険思想蔓延《まんえん》の前提には国体観念の動揺があると考え、南北朝の正閏《せいじゅん》、つまり、両朝のどちらが正統かを国家が確定することの急務を強く意識するようになる。

南北朝正閏問題と山県

大逆事件の判決が報道された一九一一年一月一九日、『読売新聞』は国定教科書が南北朝を並記し、南朝正統論を蔑《ない》ろ《がし》にしているとする論説を掲げた。それは桂園体制から疎外されていた政治勢力（立憲国民党や貴族院伯爵グループ）はもとより、桂や原の実利的・非イデオロギー的傾向に反発していた思想集団（対外硬派、水戸学派、早稲田儒学者グループなど）の強い反応を呼び起こした。

この論説は、「明治維新は足利尊氏の再興したる武門政治の転覆にして、北朝の憑拠《ひょうきょ》したる征夷大将軍の断絶なり」と説き起こし、等持院《とうじいん》尊氏木像梟首事件を「快挙」として賞賛していた。南朝正統＝尊氏逆賊論は山県の尊王思想の核心であり、尊王論こそは彼の政治的アイデンティティそのものである。このタイミングでこの問題を世間に提起すれば、山県が激烈に反応することは目に見えていた。

桂にとっては南北朝の正閏は学者の議論に任すべき問題であり、政府の関与は慎重になされねばならなかった。幕末に藩侯毛利元徳の小姓だった桂には、尊王の志士「山県狂介」と比べればこの問題の切実さの度合いははるかに低かった。

桂は関連情報を山県に上げず、山県は古稀庵を訪れた井上通泰・賀古鶴所ら常磐会の面々から初めて事件の詳細を知った。山県が「桂は何をして居る」と激昂し、全身に痙攣《けいれん》を発したのはこの時のことだという（「南北朝正閏問題再考」）。

すでに新聞・雑誌ではさまざまな意見が掲載されており、こうした事態それ自体が山県にとっては皇室の尊厳を冒瀆する行為に他ならなかった。彼は政府が動かないのなら、自ら天皇に奏上して、「南朝のために一死をもって君恩〔天皇の恩義〕に応え」ようとし、その準備にとりかかる（一九一一年二月二五日付桂宛山県書翰）。

これ以上、問題を放置するのは危険である。二月二七日、桂は南朝正統論の閣議案を上奏して聖断を仰いだ。山県は奏上をやめ、天皇は枢密院に下問し、枢密院は内閣の方針を是とする旨の奉答を行った。三月三日、天皇はそれを採納した。山県は元老・枢密院議長として南朝正統論を確定させた。

宮中・華族社会の反応

歴代天皇が持明院統、つまり北朝の血脈を引いていることは当時新聞でも公然と論じられていた。伏見宮をはじめとする諸親王家も北朝系である。ただし、南朝正統論の論拠は血脈にではなく、後醍醐天皇は正式の儀式を経て即位した天皇であるという歴史認識にあった。血脈論に気を遣って議論を避けようとする動きもあったが、山県はそれを「斟酌《しんしゃく》論」と呼んで斥《しりぞ》け、あくまでも南朝正統論を主張して譲らなかった。皇統断絶を未然に回避すべく、四親王家の皇族としての保全を図っていた山県にとって（本書七三頁）、南朝正統論と血脈問題との間には矛盾はなかった。

華族社会のなかには、桂が聖断を仰いだことへの批判の声もあった。もし、天皇が南朝正統論を容れなかったらどう責任をとるのか、というのである（『前田利為・軍人編』）。また、山県との温度差も顕著であった。一九一〇年七月八日、天皇は前田利為邸に行幸したが、その時前田家は後醍醐天皇の宸翰などとともに、足利尊氏・直義関係の品々も天覧に供している（『明治天皇紀』12）。明治天皇の思いも複雑だった。そのことは、天皇が「南朝方の天皇の尊号・御陵・御祭典などはすべて従来通り」との方針を示したことに現れている（「南北朝正閏問題再考」）。

いずれにせよ、この事件の一部始終を通じて、桂への山県の不信感はいっそう強まっていった。

南北朝正閏問題で動いた政治勢力の多くは、一九一三年の第一次憲政擁護運動にも参加している。たとえば、犬養毅《いぬかいつよし》（立憲国民党党首）や河野広中（日比谷焼打ち事件の首謀者の一人）といった面々である。憲政擁護運動は藩閥政府を打倒した民主化運動であり、南北朝正閏問題とは無関係と思われがちだ。しかし、両者の担い手の一部には明らかに連続性があり、その攻撃対象は長州閥そのものだった。

辛亥革命の勃発

一九一一年八月三〇日、第二次西園寺内閣が成立した。組閣にあたって西園寺や原敬は、山県はもとより桂の介入も斥けている。情意投合の掛け声の裏では桂と政友会の間には亀裂が広がり、英国の外交官は桂による新党の樹立と二大政党制への移行可能性を予想していた。

この頃、ロシアの黒龍江鉄道建設や陸軍兵力の整備・増強もあって、山県の危機感は急速に高まっていた。彼は露清両国の対日復讐戦の切迫を説き、陸軍平時兵力を三三〜三四個師団に増強すべきだとする意見書を政府要路に再三にわたって提出している。山県は一九〇七年帝国国防方針の軍拡目標、平時二五個師団を自ら破棄したのだ。

当時海軍からは、八・八艦隊を質量ともに凌駕する八・八・四艦隊計画（戦艦一二・巡洋戦艦八）が明らかにされており、山県が海軍に刺激されたことは間違いない。これらの意見は財政状況を無視したものであり、さすがの山県も大蔵省から財政逼迫の現況を示されると、すぐに態度を軟化させている。だがそれでも彼は、最低でも二個師団を増設し平時二一個師団態勢を整備すべきだと主張した。

こうした折も折、一九一一年一〇月、清国で辛亥革命が勃発した。

第二次西園寺内閣は日英協調して清国情勢に介入し、立憲君主制の樹立によって事態を収拾しようとした。七月に日英同盟は再改定されていたので、英国は当然日本の対清政策を支持すると考えていたのだ。

ところが、英国政府は北洋軍閥最大の実力者袁世凱《えんせいがい》と提携して、共和制の樹立という方向で清国情勢収拾の主導権を握っていった。「各国をして我方策に随伴せしめざりしは千歳の遺憾」である（一九一二年一月二日付寺内宛山県書翰）。山県はそう述べて、日英同盟への不満を滲ませている。

革命の混乱は満洲へも波及しつつあった。寺内や後藤新平などは権益防衛のための一、二個師団の出兵を主張し始め、当然山県も強く同調した。山県はロシアとともに満洲へ出兵することで、ロシアを牽制しながら権益確保の可能性を探ろうとしたのだ（一九一二年一月「対清政略概要」）。

だが、日英同盟を重視する第二次西園寺内閣は事態を傍観した。海軍では日英同盟を遵守して、日本は大陸にあまり関与すべきではないとの意見も議論されていた。国論は分裂の兆しを見せ、手詰まり感が漂っていた。ところが、ここに思いも寄らぬ出来事が起こる。明治天皇の急逝である。

明治天皇崩御

一九一二年七月三〇日、二週間余り病の床に臥《ふ》せった後、明治天皇は五九歳で永眠した。それは日本の朝野に大きな衝撃をもって受け止められた。

崩御の二週間ほど前、七月一四日に開かれた枢密院本会議の席上、いつもは姿勢を正して議論に耳を傾けていた天皇が珍しく仮睡を催した。そのとき、山県は軍刀で床を叩き、天皇は姿勢を正した。

最晩年の明治天皇

入江貫一の伝えるこのエピソードは、宮中における山県の権勢の一端を示すものとしてよく引かれる。だが、会議後の山県と天皇の遣り取りについては余り知られていない。このとき、多少の気まずさもあってか、山県は天皇に「近作の歌をご覧に入れるべし」と言上した。「天皇は微笑を洩らされたが、その面影が夢にも幻にも離れない」。山県は明治天皇の追悼歌の詞書にそう書き添えている（『萬象録』1）。

のちに「明治大帝」とも呼ばれるカリスマ君主の突然の不在は、日本の国家・社会を大きく揺るがした。

桂は政党政治家への転身を視野に入れて、議会制度の実際を視察すべく英国に向かっていたが、急遽滞在中のロシアから帰国の途に就いた。山県は西園寺や寺内と図って、桂を内大臣兼侍従長として宮中に送り込む。皇太子は病弱であり、天皇として国務を差配できるか不安を抱く関係者は少なくなかった。

辣腕家の桂の宮中入りは妥当な人選だったが、それは同時に桂を宮中に封じ込めて、政界への再登場を事実上不可能にする山県の深慮のなせる業でもあった。こうして、桂は天皇に近侍するようになった。

乃木の殉死

一九一二年（大正元）九月一三日、天皇の大喪を告げる合図の号砲を聞きながら、学習院長の乃木希典は自宅で妻とともに殉死を遂げた。

乃木は自刃の数日前、突然椿山荘を訪れて「神あかりあかりましぬる大君のみあとしたひておろかみまつる」との歌を山県に示した。天皇の御跡を慕って拝み奉るとの意であるが、「みあとしたひて」の句は「我もゆくなり」としなければ語勢が整わない。山県はそこに微妙な違和感を覚えた。だが、このときは乃木の決意を察することはできず、二人は学習院のことなどを話して別れた（『山縣公のおもかげ』）。

西南戦争では軍旗を奪われ、日露戦争では多くの将兵を失った。乃木は深い自責の念に苛まれていた。二人の愛息を旅順で喪っていたにも関わらず、否それゆえになおさら、乃木は殉死へと歩を進めていった。

乃木夫妻殉死の第一報に接した山県は、大喪の場から乃木邸に赴こうとしたがふと思い直して自宅へ戻った。さすがの彼も動揺を抑えられなかったのである。

「乃木は誠に心安らかに死ねたであろう」。後日、山県はそう語ったという。そこには山県が終生こだわり続けた、近代的軍人像には収まりきらない武士的気質の一端が滲み出ている。

山県がともに歩んできた明治という「偉大な時代」は終わった。明治憲法体制は明治天皇というカリスマ君主の下に、伊藤と山県が相互に補完しながら体制運営の枢機を担い、元老集団がそれを脇で支え、軍部や政党勢力の突出を巧みに操りながら統治を展開する、多分に属人的な統治体制でもあった。だが、体制統合の要は喪われ、隣国では共和政体が出現しようとしていた。地平線上には嵐の気配が漂っていた。

第8章 世界政策、デモクラシーとの対峙——一九一二～一八年

1 大正政変——桂太郎の離反、山県系官僚閥の変容

二個師団増設問題の登場

大正新時代は第一次憲政擁護運動とともに始まる。

一九一三年（大正二）二月、「憲政擁護・閥族打破」を叫んで議会を取り巻いた数万の群衆は、第三次桂太郎内閣を総辞職に追い込んだ。この運動を第一次憲政擁護運動といい、桂内閣倒壊までを「大正政変」と呼ぶ。そのきっかけは、陸軍の軍備拡張要求だった。

前年一一月、陸軍は二個師団増設、海軍は八・六艦隊（戦艦八・巡洋戦艦六）建設をそれぞれ第二次西園寺公望内閣に要求した。財政逼迫による建艦計画の相次ぐ繰り延べと「建艦革命」——一九〇六年、ドレッドノート級戦艦の登場——によって、日本海軍の戦力は著しく低下していた。政府は海軍拡張を優先させようとしたが、長年にわたる長州閥陸軍との提

携関係も蔑《ないがし》ろにはできない。西園寺や原敬は師団増設の部分実施や一年延期という妥協策を模索していた。

山県有朋や寺内正毅にしても事情は同じだった。彼らは倒閣してまで二個師団増設要求（以下適宜「増師」と略す）を押し通すつもりはなかった。すでに、桂太郎の宮中押し込めによって、寺内と政友会との提携という流れが生まれていた。それを中断するわけにはいかないのである。

山県の陸軍権力中枢での権威は揺らいでいた。だが、その最高人事権は健在であり、拒否権者としての存在感も大きかった。

一九一二年（明治四五）春の人事異動で、山県は桂と寺内の人事案を潰し、参謀総長に長《は》谷川好道《せがわよしみち》、同次長に大島健一《おおしまけんいち》を据えていた。また、山県は桂を元帥府に入れて、政界復帰の芽を完全に摘もうとした。もっとも山県の意図を察した桂は、それを丁重に辞退している（一〇月二三日）。

政変の内幕

山県系のなかには、田中義一のように政友会との折衝に業を煮やして西園寺内閣の打倒を画策する動きもあった。長年政権から疎外されてきた薩派にも桂園体制への憤懣は高まっていた。しかし、増師問題の紛糾を誰よりも強く望んでいたのは桂だった。一九一二年一一月三〇日、薩派と田中に背中を押された上原勇作陸相（薩派）は二個師団増設要求を閣議に提出したが、その背後で桂は密かに糸を引いていた。

第二次西園寺内閣は当然これを撥《は》ねつけ、一二月二日、上原は単独辞任に踏み切った。このままでは内閣総辞職は避けられない。この間、山県は西園寺の辞職を押しとどめ、陸軍にも内閣との妥協を促す旨の勅語を渙発するよう宮中に働きかけたが、桂はそれを握り潰している。

一二月三日、西園寺は山県に後継陸相の件を打診した。ところが、勅語の渙発を期待していたのか、山県は明答を避け増師の一部実施という妥協案を述べるにとどめた。曖昧で責任回避的な山県の態度は政友会を激昂させた。一二月五日、混乱と紛糾のなかで西園寺も辞表を提出し、西園寺内閣は倒壊した。

軍拡問題が紛糾するにつれ、桂は政治的活動を活発化させていった。山県と桂は「国防会議」によって国防論が確定するまで、陸海両軍の軍備計画は当面凍結するとし（一九一二年一二月一〇日付桂宛山県書翰）、事態の鎮静化を図った。

政治状況から妥協した山県であったが、内心では怒りがたぎっていた。彼は「はらわたを断つべきほどに思ふこと　多くなりぬる老いの身の上」と詠み、桂にその憤懣《ふんまん》をぶつけている。

さて、問題は後継首班である。松方正義や平田東助・山本権兵衛などの名前が上がっては消えた。寺内朝鮮総督も有力候補だったが、山県は彼に火中の栗を拾わせる気はなく、寺内自身も沈黙を守った。結局、山県と桂が候補に残ったが、桂はこの機を逃さなかった。

一二月一七日、大正天皇の「優諚《ゆうじょう》」（ありがたいお言葉）を得て、桂は内大臣辞任許可と首班指名を取り付けた。

一九一二年一二月二一日、第三次桂太郎内閣が成立する。桂は陸相に子飼いの木越安綱《きごしやすつな》を据え、山県の影響力の排除を試みた。外相には「反元老」を標榜していた加藤高明《かとうたかあき》、内相には桂の下に走った大浦兼武、蔵相には若槻礼次郎、逓信相には後藤新平を据えた。桂はこの日、椿山荘を訪れ、山県に政界隠退を遠回しに勧めている。

一般世論は、山県と桂は結託していると見ていた。山県にとってはいい迷惑である。一方、桂は世論の動向にまったく無頓着だった。自ら新党結成を宣言し、軍備拡張の凍結や陸海軍大臣文官制などの政綱を明らかにすれば、世の中の誤解は晴れると高を括《くく》っていた。

一九一三年一月二〇日、桂は自らを党首とする新政党の結成を明らかにした。いわゆる桂新党、のちの立憲同志会である。

桂による天皇の政治利用は、世論の許容範囲をはるかに超えていた。宮中から府中（政治）に戻るときの優諚だけでも世の顰蹙《ひんしゅく》を買っていたのに、斎藤実への海相留任要請（一二月二一日）や、政友会総裁西園寺公望に事態収拾を求めた勅語（二月九日）など、桂は政治的窮地を打開するため大正天皇の「お言葉」を何と三度も引き出したのである。

特に二月九日のそれは、政友・国民両党の内閣不信任決議案に対する露骨な対抗策だった。「玉座を以《もっ》て胸壁《きょうへき》となし、詔勅を以て弾丸に代へ…」という尾崎行雄（衆議院議員、政友会）の日本憲政史上に残る演説は、こうした状況のなかで行われたものである。

桂の一連の振る舞いはあまりに宮廷陰謀的であり、政党政治家らしくなかった。桂は貴族院を切り崩そうとしたが、山県の意を受けた平田東助は系列議員をよく抑えていた。政友会からの脱党者もほぼ皆無だった。桂の目算は外れた。

内乱の危機

すでに一九一二年一二月から、「藩閥の横暴」を憤る政党人や新聞記者によって大衆的抗議集会が催されていた。年が明けて議会審議が本格化すると、それは一気に規模を拡大する。議会は連日「憲政擁護、閥族打破」を呼号する数万の大群衆に取り囲まれ、彼らは巡査や憲兵と衝突した。

そして、三回目の優諚が下った翌日の二月一〇日から一一日にかけて、東京中心部は内乱寸前の騒乱状態に陥る。

当時小田原の古稀庵に滞在していた山県は、桂に中央突貫策、すなわち議会解散を強く勧めた。建前としては正論だが、できたばかりの新党に勝ち目はなく、選挙運動が全国的な革命的騒乱のきっかけになるリスクもあった。二月一一日、第三次桂内閣は組閣後わずか二ヵ月で総辞職に追い込まれる。

桂が政治生命をまっとうするためには、内閣不信任案が可決された直後に議会解散に打って出るしかなかった。もちろん、一敗地に塗《まみ》れただろうが、政治は大義名分の世界でもある。桂の本気度を見れば、世間は彼を政党政治家として認知したかもしれない。

山県は桂の末路を「雪隠《せっちん》〔トイレ〕で首を括《くく》ったようなものだ」と冷評したと伝えられる。山県にとって桂の新党結成は民心に阿《おもね》り、「国家の中心に大動揺を来」たした「大失策」に他ならなかった。国家の隆盛を期すにはあくまで健全な「官僚政治」を盛り立てねばならない。山県はのちにそう回顧している(「米村靖雄日記」一九一六年五月二四日)。

桂はなぜ叛旗を翻したのか

それにしても、なぜ桂は山県に公然と叛旗《はんき》を翻したのだろうか。山県はそれを確認せずにはいられなかった。

児玉や桂・寺内と親しかった政界浪人の杉山茂丸《すぎやましげまる》は、第三次桂内閣の組閣と桂新党の結成に関連して次のように回想している。

桂公は既往三、四年前〔第二次桂内閣時代〕より、政治上の行為にて明かに児玉〔源太郎〕伯と共に発表せられたる藩閥打破的の考が愈々《いよいよ》成熟の時機に到達した。それはドンナ順序かと云えば、伊藤〔博文〕公在世のときより、憲法政治に伴う藩閥政治の弊害は第一故児玉伯が最も盛に之《これ》を憤慨し、遂《つい》に桂公と其意を合せ、屢々《しばしば》之《これ》を実現せんとせられたが、何サマ根底深き勢力の藩閥であるから、到底此四十年以来の慣習を打破することは容易ならぬ困難が横はり〔後略〕。

（杉山其日庵先生訓話・喜多川楚山編『桂公の裏面』）

杉山のこの著書を山県は注意深く読み込んでいる。彼は古稀庵で読書に励んだが、その膨大な蔵書は現在小田原市立図書館に「山県有朋文庫」として架蔵されている。山県は読書の傍《かたわ》らしばしば欄外に感想をメモ書きしており、印象に残った個所や重要事項にはブルーの色鉛筆で傍線を引き、直上の欄外には「〇」が付けられている（引用文の傍線個所）。

杉山は桂の「藩閥打破」への動きは一時の思いつきではなく、その発端は日露戦前の日英同盟締結以前にまで遡ること、それには児玉も一枚嚙《か》んでいたことを指摘している（『桂公の裏面』）。藩閥打破とは婉曲《えんきょく》な表現だが、露骨に言えば「反山県」だろう。桂新党構想について納得できる説明を探していた山県は、杉山のこの暴露話に膝を叩いたかもしれない。

長年にわたって、山県の政治的猜疑《さいぎ》心を刺激し続けてきた、桂との緊張感に満ちた関係はここに終わった。一九一三年一〇月一〇日、桂は失意のなかでこの世を去っていった。

山県にとって桂の失脚は思想問題でもあった。南北朝正閏問題についての桂の対応は、尊王の念に乏しく、それゆえに彼は天皇の政治利用に走り、政治的な大義名分を失っていったという理解である（「米村靖雄日記」一九一六年五月二四日）。

最晩年に至って、山県の尊王論は原則論となり、柔軟な政策対応を制約することも多くなっていく。

山県系官僚閥の変容

ここまで述べてきたように、日露戦後から大正初期にかけて、山県の官僚閥に対する統制力は明らかに低下し、それは桂や寺内らに活動の余地を与えていた。では、どのような変化が官僚閥内部で起こっていたのだろうか。やや時期を遡って見ておこう。

日露戦後の中央官庁は、帝国大学出身の学士官僚が専門的実務を担うようになり、旧来の藩閥官僚の時代は終わりつつあった。彼らの多くは帝国大学法科大学で議会政治のあり方を学んでいた。若槻礼次郎（第二次桂内閣の大蔵次官）や浜口《はまぐち》雄幸《おさち》（第一次西園寺内閣の専売局長官）、加藤高明（第四次伊藤内閣の外相）といった気鋭のエリート官僚は政党政治の実現に希望を託し、山県系官僚閥の開明派とも言うべき桂太郎の膝下《しっか》に走っていった（『近代日本の官僚』）。

その動きは大蔵省や内務省の台頭と軌を一にしていた。当時、全国の零細な郵便貯金は大蔵省預金部資金として中央に蓄《たくわ》えられ、日露戦後の財政逼迫状況下で鉄道敷設事業などの地方利益散布政策を行うための格好の財源となっていた。こうした面でも大蔵省の統制力は強化されていたのである。

山県系藩閥官僚の内務省支配も崩れつつあった。この時期、二度にわたって内相を務めた原敬は、内務省内部に存在する二つの系統、すなわち、学士官僚が多い地方局系と「たたき上げ」が多い警保局系の対立に注目し、前者を厚遇することで山県系の内務省支配を崩していく（同右）。

内務官僚は多くの省庁の次官・局長級ポストに進出し、省庁間の利害調整も担うようになる。かつては山県ら参議・大臣レベルで行われていた政策調整が次官・局長レベルで行われていたのだ（『戦前日本の政党内閣と官僚制』）。官僚機構は徐々に政党政治に適合していった。

2　大隈重信との角逐——中国政策と宮中をめぐる暗闘

薩派海軍の政権奪還——第一次山本権兵衛内閣

大正政変によって、陸軍は大きな政治的打撃を被った。政変の勝者は政友会と海軍である。

一九一三年二月二〇日、政友会を与党とする第一次山本権兵衛内閣が成立し、陸相には木越安綱が留任した。

山本首相は、大陸への軍事的関与には否定的だった。彼は自ら組閣するや、まず六月に陸海軍大臣現役武官制を廃止して予備・後備役の軍人も任用可能にした。陸軍は薩派を中心に猛反発したが、山県は世論の動向を気にして動かず、寺内朝鮮総督はそれに不満を募らせていた。山県は今自分が動けば、政友会内の文官制論を逆に刺激しかねないと考えていた。

結局、この問題は、大正天皇が現役武官制廃止を支持したことで決着した。六月一三日、陸海軍省官制は改正され、旧桂派の木越陸相はその責任をとって辞任し、後任には山本首相の意向によって楠瀬幸彦（高知）が就任した。山県はこの人事には介入していない。

八月一日、山本は文官任用令を改め、「自由任用」の範囲を陸海軍を除く各省次官、法制局長官、警視総監、内務省警保局長などにまで拡大した。これは山県系官僚閥に対する政治攻勢であり、政党内閣制への一歩前進でもあった。

「山県公はわれ関せず」

山本首相は、次に出先陸軍のコントロール強化と植民地経営体制の文官化、そして満洲経営の大幅な縮小を考えた。

具体的には朝鮮総督や関東都督の武官専任制の廃止である。さらに満鉄に関しては、鉄道権益の中国への返還を見越した特別積立金（株主への払い戻し基金）の計上や事業計画の縮小・分割民営化が検討されていた。

ただし、朝鮮については総督武官制の廃止と同時に内務省などの中央官庁による直接統治を考えていた。日本が朝鮮を完全に包摂できれば、満洲権益については柔軟に対応するという政治姿勢である。

したがって、一九一三年七月に勃発した中国第二革命についても、山本内閣は事態を静観しつづけており、立憲国民党などの対外硬派は反発を強めた。

この間、山県は京阪神への長期滞在を続けていた。「山県公はわれ関せず」の風情だと、田中義一は嘆いたが、山県は対外硬派の内閣批判とは一線を画し、中国については「暫時情勢を傍観」するしかないと考えていた（一九一三年一一月二日付寺内宛田中書翰、同年五月三日付井上馨宛山県書翰）。寺内も事態を観望し、失意の田中は洋行へと旅立った。長州閥陸軍の政治的パワーは著しく低下していた。

一九一四年一月、海軍将官がドイツのシーメンスや英国のヴィッカースといった大軍需産業から収賄していた事実が明るみに出た。シーメンス事件である。事態はここに一変する。財部《たからべ》彪《たけし》海軍次官（山本の娘婿）など山本系海軍中枢は一斉に更迭され、山本は海軍での権力基盤に大打撃を被り、三月二四日には内閣総辞職に追い込まれた。

後継首班の選定は難航した。山県は薩長の対立を緩和すべく松方正義に白羽の矢を立てたが、本人が強く固辞した。政友会総裁の西園寺には大正政変時の違勅を理由に逃げられてしまった。清浦奎吾には海軍が強く反発し、徳川宗家で貴族院議員の徳川家達《いえさと》にも打診したが、これはいかにも無理筋である。

消去法の結果、山県は大隈重信への大命降下に踏み切った。そこには大隈の大衆的人気を利用して、来るべき総選挙で政友会に大打撃を加えようとの遠謀が隠されていた。

日本憲政史上、これほど「奇妙な妥協・連携」(『元老』)は例を見ない。それほどまでに山県は追い詰められていたのだ。

大隈重信（1838〜1922）

第二次大隈重信内閣と大戦勃発

一九一四年四月一六日、第二次大隈内閣が桂新党、立憲同志会を与党として成立した。陸相には岡市之助（長州）が就任したが、岡はまもなく雄弁家の大隈に籠絡《ろうらく》され、陸軍中枢の寺内とは距離を置くようになる。外相には加藤高明が起用されたが、英国流の議会政治を理想とする加藤は、山県をはじめとする元老を外交政策から完全に排除しようとし、山県との緊張は高まった。

ところが、ここで大事件が起こる。六月二八日、オーストリア・ハンガリー帝国の皇位継承予定者フランツ・フェルディナンドが同妃とともに訪問先のサラエボで暗殺された。そして、これが引き鉄となり英仏露と独墺は次々と交戦状態に突入した。一九一四年八月、第一次世界大戦の勃発である。

八月二三日、第二次大隈内閣は対独宣戦布告を行った。開戦外交を主導したのは陸軍ではなく加藤外相である。彼は英国側の迅速な勝利を想定し、日本も早く参戦し戦勝の果実を確保すべきだと考えていた。大戦勃発は対外硬世論をも勢いづけた。大隈は世論の動向に敏感に反応した。

山県や寺内は早期開戦には反対だった。青島《チンタオ》要塞のドイツ軍の脅威は切迫してはおらず、日本に防衛戦争的な動機はない。英国も日本の性急な参戦は望んでいなかった。山県は「独軍は必ずやパリ近郊にまで侵入するだろう」と加藤に警告し（「米村靖雄日記」一九一六年五月二七日）、元老会議でも即時開戦論に抵抗した。だが、世論の支持を得た大隈を抑えることはできなかった。

対華二十一ヵ条要求と山県

当時、山県は白色人種と有色人種の対立・抗争を強調する「人種競争論」を唱えていた。これは黄禍論への反発であると同時に、中国の袁世凱に対日接近を促すものでもあった。とはいえ、人種競争論は当時広く一般に唱えられており、山県だけの特異な意見ではない。

山県は、第一次世界大戦は日中関係を改善に導く好機だと考えていた。欧州諸国からの対中国借款は途絶し、袁世凱政権は財政不安から危機的状態に陥るだろう、そのとき、日本が即座に金融上の便宜を与えれば、関東州租借期限の延長といった懸案事項も談笑の裡《うち》に解決するだろう、というのである（一九一四年八月「対支政策意見書」）。

ところがそうは行かなかった。一九一五年一月一八日、第二次大隈内閣は全五号、二十一ヵ条からなる要求を袁世凱政権に突きつけた。それは満蒙権益の延長・強化のみならず、山東半島権益のドイツからの継承や中国の一部地域での日本人警察官の採用など、袁政権が到底呑めないような内容も含んでいた。

対外硬世論を背景に陸軍や外務省では懸案事項をリストアップし、それらを一括して要求すべきだとの議論が沸き起こっていた。岡陸相はもとより山県にもそうした動きを抑える力はなかった。その結果、要求は二十一ヵ条にまで膨れ上がっていった。

日中交渉は難航した。袁は巧みに英米世論に働きかけ、日本は中国の保護国化とも解釈される第五号要求を撤回しなければならなかった。五月七日、日本政府は最後通牒《つうちょう》を発し、軍事的威圧を中国政府に加えた。九日、袁は要求受諾を余儀なくされる。

対華二十一ヵ条要求は近代日本外交史上最大級の失策であり、日本の国際的信認は著しく傷つけられた。その責任はもっぱら大隈と加藤に帰せられるべきである。一方、軍国主義者というイメージとは裏腹に、山県の対中国政策は抑制が利いていた。山県は民主主義者ではなかったから、好戦的な世論を無視することができた。大隈は大衆政治家だったので、世論の動向に大きく揺さぶられたのである（『対華二十一ヵ条要求とは何だったのか』）。

大隈内閣の外交的暴走

一九一五年三月の総選挙で立憲同志会は大勝利し、政友会は結党以来初めて第二党に転落した（同志会一五三、政友会一〇八）。六月には、長年の政治的懸案だった二個師団増設予算も第三六特別議会で成立した。政友会勢力を打破し、増師問題に決着を付けるという山県の宿望はここに達成される。

ところが、その後大浦兼武内相による選挙干渉や議員買収が発覚し、七月三〇日、大浦はすべての公職を辞任した。八月一〇日、内閣の連帯責任を唱える加藤外相も辞表を提出し、若槻礼次郎蔵相ら有力閣僚も一斉に内閣を去った。

大隈は内閣改造で窮地を乗り切ったが、それは対外硬派の影響力をいっそう強め、一部の活動家は「穏健派」と見なした山県に脅迫状まがいの手紙を送り付けていた。

この間、大正政変のほとぼりも冷めていた。上原勇作や田中義一も軍中央に返り咲き、一九一五年末までに上原は参謀総長（一二月）、田中は参謀次長に（一〇月）それぞれ就任する。

そして、陸軍は政府と連携して、今度は袁政権そのものの打倒に向けて動き始める。一九一六年三月、大隈内閣は中国国内のありとあらゆる反政府勢力を援助するという前代未聞の干渉政策を閣議決定した。いわゆる反袁政策である。

宮中における大隈との駆け引き

山県はもともと中国の主権者との提携を重視しており、大隈による露骨な干渉政策には反対だった。だが一九一六年の春、山県は重篤な病の床にあり、その政治力を十分発揮できなかった。もっとも六月六日に袁は病没し、反袁政策も停止される。

病が癒えるや、山県は大隈の政権引きずり下ろし工作を開始する。しかし、大隈は宮中にも食い込み、その弁舌の才は大正天皇の心をもつかんでいた。

山県と大隈は以後半年余りにわたって、宮中を舞台に虚々実々の駆け引きを繰り広げる。この間、寺内正毅の周辺には、後藤新平、勝田主計《しょうだかずえ》、西原亀三《にしはらかめぞう》といった反大隈派の文官官僚が結集し、政権復帰をめざす政友会の原敬も寺内へ接近した。大隈包囲網の形成である。

九月二七日、もはや辞任は避けられないと判断した大隈は、大山巌内大臣を通して大正天皇を動かし、元老会議を開かないで加藤高明に首班指名の大命を下すという秘策に打って出ようとした。大山経由でこの情報に接した山県は、秘密裏に自動車で小田原から上京し、一〇月四日、非公式元老会議を宮中で開いて大隈の機先を制した。万策尽きた大隈はここに辞表を提出し、組閣の大命は寺内に下った。

寺内正毅内閣と山県

一九一六年（大正五）一〇月九日、寺内正毅内閣が成立した。それは典型的な官僚内閣だった。ただし、山県系は大島健一陸相や田健治郎逓信相にとどまり、後藤内相や勝田蔵相など寺内に近い官僚政治家の入閣が目立った。

すでに七月頃から、山県は寺内に次期内閣を引き受けるよう迫っていたが、寺内は「自分も年は六十以上となり、子供ではありませぬから、何でも彼でも閣下〔山県〕の仰せらるゝ事を一々聴くことは出来ませぬ、閣臣〔閣僚〕の如きは自分の自由裁量に委せられたし」と応じていた（『松本剛吉政治日誌』一九一六年七月一九日）。寺内は自己の判断で大命を受け、閣僚を選定した。

内閣発足の翌一〇月一〇日、立憲同志会は中正会などの院内会派を統合して憲政会を結党する。総裁は加藤高明である。山県の立場は微妙だったが、寺内は水面下で政友会との接近を模索していた。政友会も解散総選挙に持ち込むべく、「是々非々主義」を標榜して寺内との提携に踏み切った。

山県と寺内はともに外交政策立て直しの必要性を認めていた。寺内は組閣後早々天皇直属の臨時外交調査会を設置した。同委員会には主要閣僚のほかに原敬

寺内正毅（1852～1919）
長州藩出身．御楯隊を経て整武隊に入り戊辰戦争に従軍．維新後，陸軍軍人に．西南戦争で負傷後，仏留学．軍政畑を歩む．日露戦争時から桂園時代にかけて陸相を長く務め，初代朝鮮総督も兼任．1916年首相に就任

や立憲国民党党首の犬養毅も参加しており（加藤高明は参加を拒否）、政略出兵などへの関与もある程度認められていた。寺内は政党勢力に配慮しながら、山県を祭り上げようとしたのである。

この頃、大戦景気によって日本の貿易黒字は大幅に拡大していた。日露戦後に危機的状態にあった正貨保有量は、一九一五年末には五億一〇〇〇万円にまで増大する。寺内内閣は財政危機の解消を背景に、中国段祺瑞《だんきずい》政権に対する莫大な経済援助に乗り出した。これは寺内の私設秘書西原亀三の名をとって「西原借款」と呼ばれる。

なお、憲政会と寺内内閣との関係は急速に悪化し、一九一七年（大正六）一月二五日、憲政・国民両党の内閣不信任案上程によって衆議院は解散する。そして、四月の総選挙では政友会が第一党に返り咲いた（政友会一六五、憲政会一二一、国民党三五、無所属六〇）。

反元老を標榜する憲政会の没落は山県の望むところであり、しかも、政友会は衆院の過半数を押さえることができなかった。この微妙な獲得議席数は、山県の意を受けた田逓信相の選挙対策の成果でもあった（『松本剛吉日誌』一九一七年二月二六日・二八日）。

山県の「世界政策」構想

一九一六年七月、「支那保全」を謳った第四回日露協約が締結され、日本とロシアは事実上の同盟関係に入った。一九一八年四月には、寺内内閣は軍需工業動員法を制定して民間企業に対露支援のための兵器生産を促している。

山県は、ロシアがドイツに屈して露独同盟が成立し、ドイツの後援を受けたロシアが極東に進出してくるリスクを考え、支那保全論、つまり中国分割反対論の立場から西原借款を支持していた。また、第一次世界大戦後における人種戦争の勃発に備えるためにも日中提携は急務だと考えていた。

山県や陸軍首脳部にとって、何よりも恐るべきは露独提携による世界的なパワーバランスの変化であり、第一次世界大戦でのドイツの勝利だった。

山県は、武器援助によってロシアを敗北から救えれば、露独同盟という最悪事態は回避できると考えていた。そして、日露攻守同盟を結んで、ウラル山脈「以東の平和は帝国〔日本〕に於て保障」し、もしシベリアで反乱が起こったら日本軍が鎮圧したらどうか（一九一六年一月、『大正初期山県有朋談話筆記』）、と述べている。

山県の腹案では、日露攻守同盟はシベリアをも「保全」の対象としていたのだ。これはのちのシベリア出兵に繋がる発想である。もっとも、山県は英国の意向を確認することも重視し、国際協調にも一定の配慮を見せている。

3 原敬への大命降下——ロシア革命、米騒動の衝撃

覇権主義的な「語り口」

山県の政治権力はとうにそのピークを越えていた。大正天皇との関係も微妙だった。世代交代の波は着実に打ち寄せつつあり、政党勢力の台頭も押しとどめようがなかった。自らの権力の衰退の自覚もあってか、この頃の山県は欧州戦場の図上演習や「世界政策」の立案に熱中している。

第一次世界大戦期の山県の外交論・国防政策論には、日本は「支那全土」を防衛するに足るだけの軍事力を持つべき（一九一八年六月、「国防方針改訂意見書」）といった、いささか誇大妄想的な議論が目につく。かつての「主権線・利益線」論のような理性的な国防論は後景に退き、「シベリア」や「支那全土」といった茫漠たる大陸空間が想定されている。

もっとも、こうした覇権主義的気分は一人山県だけのものではない。寺内正毅は全アジアを天皇の「統裁」の下に置くべきだと述べている。いわゆる「アジア・モンロー主義」である。また、田中義一はドイツ勝利の機先を制して、オランダ領東インドの領有を検討すべきだと主張していた。同様の議論は参謀次長の明石元二郎《あかしもとじろう》や文官の田健治郎にも見られる。

興味深いことに、日英同盟重視を唱えていた大隈重信は「アジア・モンロー主義」には反

対だった。大隈に言わせれば、対華二十一ヵ条要求は列強なら理解可能な帝国主義外交にすぎないのである。他方、原敬や西園寺公望は対英米協調を基調とする外交構想を堅持していた。

山県らの発言は高官レベルでの意見表明や個人的な大言壮語にとどまり、現実政策レベルでは山県や寺内、特に山県の対外政策は基本的に国際協調的だった。

しかし、大仰な言説は「語り口」（ナラティブ）としての影響力を持っている。その際、恐るべきは大国意識の国民への浸透と軍部との共鳴である。第一次世界大戦中には国民の不満は米価高騰などの国内問題に向けられ、国民と軍との関係には一定の緊張感があった。だが、一九一九年のヴェルサイユ講和会議で日本政府代表の提出した人種差別撤廃決議が否決され、さらに二四年に北米排日移民法が成立すると、「語り口」は世論として実質化されていく。

山県と第一次世界大戦研究

第一次世界大戦が国家総動員という新たな戦争形態への扉を開いたことはよく知られている。戦争は長期化し、莫大な武器・弾薬が消費され、多くの将兵が戦火に斃《たお》れた。各国はその国力の限界まで人的物的資源を戦争に投入した。

一九一八年春まで山県はドイツ帝国の崩壊など全く想定しておらず、それどころか、ドイツの潜在的国力をきわめて高く評価していた。そして、一九一七年四月のアメリカの参戦を著しく過小評価していた。山県は国家総動員の意味、とりわけアメリカの巨大な産業動員の可能性を十分認識できなかったのである。(『萬象録』一九一八年四月二四日、「米村靖雄日記」一九一六年五月二七日、一九一八年三月五日、同二五日)。当時の山県の意見書のなかに「国家総動員」やそれに類する言葉はない。

国家総動員は国民や経済界の理解と協力を得なければ遂行できるものではなく、それは必然的に軍事と政治経済・社会の相互浸透をもたらす。政党人や文官官僚、財界人、ジャーナリスト、そして一般大衆の軍部への注文も増え、党派性や私的利害も時に軍事部門に持ち込まれるようになる。

それらを回避するための強権的な総動員は、一九一七年のロシアや一八年のドイツのような体制崩壊を引き起こしかねない。「国家総動員体制の成否は、軍国主義ではなく社会におけるデモクラシーの強度にかかっていた」(ヒュー・ストローン)と言われるゆえんである(『「国家総動員」の時代』)。

山県が制度設計に携わった「天皇の軍隊」は、天皇はすべての政治的対立から超然とした存在であるという建前にもとづいていた。そして、その法制的表現が「統帥権の独立」であった。統帥権の独立は元々軍事への政治の介入を阻止する仕組みであり、政党勢力などの文官勢力の軍事への介入は、軍部大臣武官制や帷幄上奏権などの制度的な壁によって慎重にコントロールされていた。

こうした国軍のあり方は総動員体制には向いていない。山県は天皇の軍隊という建前を守ることに腐心し、日露戦後以来の大軍備拡張構想のなかにその解決策を見出した。

英米脅威論と帝国国防方針の改訂

寺内は軍需工業動員法を制定し、民間企業に軍需生産への協力を求めた。国家総動員への第一歩である。軍備充実計画も策定したが、当然それは日本の国力の限界を弁《わきま》えた抑制的なものとなった。

山県はそれに不満だった。山県は帝国国防方針を改訂し、新たな軍拡目標を既定路線化しようとした。改訂作業はすでに陸海軍で開始され、ロシアの戦線離脱が現実味を帯び始めた一九一七年三月以降本格化し、翌年六月に完成し天皇の裁可を得た。

だがその後、内閣との調整に手間取り、最終的に「補修」が終わったのは九月一三日だった。寺内内閣崩壊のわずか一週間前である。この間、山県は参謀本部と連携して寺内や陸軍省の抵抗を押し切っている。なお、国防方針改訂に臨んで山県が想定していた危機的事態は、独米もしくは英米による中国への「侵襲」と圧迫である（一九一八年六月「国防方針改訂意見書」）。

山県の外交構想は権力外交そのものであり、門戸開放・機会均等といった国際的外交原則を尊重する「価値観外交」とは対極に位置していた。同盟国が寝返る可能性を考慮するとしても、それに軍備拡張で対応しようとすれば、同盟は徐々に空文化していくだろう。

この時期、日英同盟の堅持を唱えていた山県が、軍備構想を極端に肥大化させていったのは、その同盟観の半ば必然的な帰結だった。

時代はやや下るが、山県は一九一九年六月の時点でも、英国はすでにメソポタミアを領有し、アフガニスタンの反乱を制圧して、中国でもチベットや四川省・甘粛省西部の割譲を要求している、中央アジアやトルキスタンはいまや「英国版図に入らん」とし、中国は「英米二強の圧迫を受け、遂に土耳格《トルコ》と同一運命の悲境」に陥ろうとしていると述べている。あからさまな英米脅威論である。そして、中国「救済の任」は「一に我が帝国の双肩に」かかっているとする（『田健治郎日記』一九一九年六月一七日）。

山県はアメリカ大統領ウィルソンの主唱による国際連盟の創立にも否定的だった。そこに英米の政治的偽善を見出したからだ。山県にとって外交とは、一九世紀的な「旧外交」そのものだった。

過大な陸軍軍拡目標

新たな「帝国国防方針」（「国防に要する兵力」）では、陸軍は大陸での大規模作戦に適合的な「軍団制」を採用し、所要兵力量は戦時四一個・平時二〇個軍団にまで膨れ上がった。従来の師団数に換算すれば、戦時六一・五個・平時三三個師団に相当する。一九〇七年帝国国防方針の戦時五〇個・平時二五個師団構想に比べれば、その巨大さは一目瞭然だろう（『日本陸軍と大陸政策』）。

なお、一九二一年一〇月に陸軍では再度この問題を検討している。そこでは戦時四〇個師団という兵力量ですら、当時の日本の兵器生産能力では効果的運用は不可能と判定していた。戦時四一個軍団整備など「絵に描いた餅」だったのである（『政党内閣の崩壊と満州事変』）。

山県の軍団制構想は工業動員能力についての配慮に欠けており、この点が寺内との最大の相違である。一九一八年八月には、寺内内閣は寺内の病気と米騒動で死に体状態だったが、寺内は国防方針の所要兵力量を閣議に開示し、さらに、田中義一を介して首相候補の原敬に軍備拡張予算は修正可能だと伝えている。

寺内は国防方針は秘すべきものではないとし、天皇の裁可→内閣での審議→議会の協賛という「憲政の順序」に則って決定されるべきだと考えていた（「帝国国防方針に関する寺内正毅覆奏案」、『児玉秀雄関係文書』Ⅰ）。帝国国防方針の補修によって、軍備拡張目標を既定路線化しようとした山県の目論見はまたも外れた。

シベリア出兵

話を少し戻す。一九一七年にロシアで三月革命が勃発し、帝政ロシアが崩壊した。四月六日にはアメリカが対独宣戦布告を行った。一一月、今度はボリシェヴィキ（のちのソヴィエト共産党）による社会主義革命が勃発し、ロシアは全面的な内戦状態に突入した。

山県にとってロシア革命＝帝政ロシアの崩壊は、第一に「露独勢力の東漸（極東進出）」の脅威だった。一九一八年三月のブレスト・リトフスク講和条約で、ボリシェヴィキの指導者レーニンはドイツにロシア帝国の外郭部分（白ロシア、ウクライナ、フィンランド、バルト諸国など）を譲り渡したが、山県は、レーニンはドイツの走狗であり、東アジアは露独連合軍の侵略の脅威に直面していると考えていた。

もし、日本がシベリアに出兵すれば、それは露独連合軍との一大戦争になるだろう。そのようなリスクを冒すわけにはいかない。寺内内閣や参謀本部では積極出兵論も検討されていたが、それを抑えていたのは山県と政友会（原敬）だった（『萬象録』一九一八年四月二四日）。

風向きが変わるのは一九一八年七月以降である。ボリシェヴィキによるニコライ2世一家惨殺の報は、すでに新聞報道で広く朝野に知られていた。山県の下にはさまざまな情報が寄せられ、また、西部戦線でのドイツ軍の後退もあり、山県は一転して「過激思想」の伝播によるドイツ・オーストリア両帝国の崩壊を危惧するようになる。

七月八日、折からのアメリカ政府による出兵要請――シベリア鉄道沿線を制圧していたチェコスロヴァキア軍団の「救出」を目的としていた――もあり、日本は出兵の大義名分を得る。すでに英仏は欧州戦線堅持の観点から、日本の軍事介入に期待していた。

こうして山県は出兵論に転じる。シベリアのロシア反革命勢力と連携すれば、「赤化の脅威」を軍事的にせき止めることも可能だ、というのである（『萬象録』一九一八年一一月四日）。

八月二日、寺内内閣はシベリア出兵を内外に宣言した。参謀本部内の積極出兵論を容れて、沿海州に加えてザバイカルにも派兵することになったが、出兵規模は当初予定の六割程度に抑え込まれた。

すでに寺内内閣は、寺内の病気によって政権末期の様相を呈していた。外交調査会も十分機能せず、しかも、一九一八年八月には大規模な民衆騒擾事件が発生する。

米騒動、原内閣の成立

第一次世界大戦による景気過熱とシベリア出兵を見越した投機的買占めによって、一九一八年夏、米価は異常に高騰し、全国で大規模な民衆暴動が起こった。いわゆる米騒動である。八月一四日、政府は緊急勅令で戒厳令の一部を施行しようとした。

山県は米騒動の背景には「成金者の豪奢《ごうしゃ》に対する反感」があると見ており、戒厳令の施行には慎重だった。国軍と民衆との全面衝突を避けるために、当面は地方官の請求による局地的出兵で様子を見るべきだというのである。山県の脳裏には、軍と民衆が正面衝突したロシア革命の悪夢が過《よぎ》っていた。騒動は一ヵ月以上続き、九月半ばにようやく沈静化し、山県も愁眉を開いた。

すでに、山県と寺内の関係は修復不可能であった。山県は「国防計画の杜撰《ずさん》、対政党操縦

原敬（1856～1921）

策の粗慢《そまん》、西伯利亜《シベリア》出兵問題の不徹底、政友会跋扈《ばっこ》の失体」などの「失政」を数え上げて寺内を非難した。寺内は原への政権交代を念頭に置いていたが、自分の進退を山県や平田東助に相談するつもりはまったくなかった。寺内はむしろ、原と犬養毅には腹蔵なく自分の考えを述べておくつもりだと田健治郎逓相に漏らしている（以上『田健治郎日記』一九一八年八月一四・一五・一七日）。

後継者不足に悩む山県は内閣改造で事態を乗り切ることも考えたが、寺内はすでに辞意を固めており、山県には自分の本意を一切明かさなかった。

九月八日、古稀庵を訪れた田逓相秘書官の松本剛吉に首班候補を問われた山県は、西園寺には「激論的に勧告」したが断られた、平田東助は「断じて遣らぬ」、伊東巳代治や清浦奎吾には「組織が難しい」（組閣もしくは議会乗り切り困難の意か）と答えた。松本が「然《しか》らば原〔政友会〕総裁は如何《いかが》で御座《ござ》りましょうか」と問うたところ、山県は「可否何等答えずして両眼を瞑《つむ》られた」。そのとき、私は電光石火のごとく「山県公意中の人は原氏なり」との確信を得た。松本はそう日記に記している。

山県直系の平田や清浦、そして大浦兼武も「時世の推移と四囲の事情」（大浦）から考えれば、後継首班は原以外にないとの意見で一致していた（『松本剛吉政治日誌』九月一一・一二・二四日)。山県は自派閥内に首班候補を見出せなかったのだ。

一九一八年九月二九日、原敬内閣が成立した。陸海外三大臣以外はすべて政友会員から選んだ政党内閣で、何より首相の原自身が衆議院議員だった。

組閣に際して「よくも山県が目をさましたことですね」と問うたジャーナリストの前田蓮山に対して、「彼〔原〕は事もなげに『米騒動だな。あの時もしわが党が煽動でもしてみたまえ、大変なことになっていたに違いないよ。官僚内閣の無力なことが山県にもよく呑み込めたのだ」と答えたという(『原敬伝』下)。これは「時世の推移」云々との大浦の認識と一致している。

革命の脅威の前には政友会との妥協・提携も辞さない。山県晩年の政治姿勢はこうしてかたち作られていった。

第9章　君主制の動揺とその死

1　世界観の崩壊——大衆社会、普選への歩み寄り

大患と回復

一九一八年（大正七）春、日本はパンデミックの猛威にさらされようとしていた。いわゆるスペイン風邪である。翌年にかけて死者は一五万人にも及んだが、一九一九年二月から三月には山県も重篤《じゅうとく》なインフルエンザに罹《かか》っている。

病が癒《い》えた頃のことだろうか、井上通泰（宮中顧問官、常磐会同人）が古稀庵の庭にたたずんでいたところ、山県が杖をついて出て来た。井上が庭木がよく生い茂ったことを褒めると、山県は「こうなると未練のようだが、一年でも長く生きていたい」と漏らした。そのときにわかに庭内の水の音が寂しく聞こえて来た、井上はそう回顧している。諸書によく引かれるエピソードである（『山縣公のおもかげ』）。

一九一六年にも山県は胃腸病を患《わずら》っているが、この頃まではおおむね元気で、斎戒沐浴《さいかいもくよく》して袴《はかま》に威儀を正し、古稀庵の庭内に設けた明治天皇を祀る祠《ほこら》、槇《まき》ガ岡神社に詣《もう》でるのを毎朝の日課にしていた。

また、時に早朝から槍を振るったが、それは謡の修練とともに健康維持に大いに役立った。視力・聴力はなお健全であり、長寿の老人が多くそうであるように、日常の食欲も旺盛で一緒に食事をとった原敬を驚かせている。また、知的好奇心も旺盛で、特に欧州情勢には深い関心を寄せていた。

しかし、老いは容赦なく迫ってくる。ある冬の日、山県は椿山荘の居間の暖炉の前に自分と井上の椅子を引き寄せ、自らシャベルをとって石炭をくべながらこう語っている。「若い時分は政敵からドンナに云われても何とも思わなかったが、年をとったせいか、此頃《この》のように新聞で悪く云われるとよく寝られん。殊に心外なのは新聞に国賊呼ばわりされることである」（『山縣公のおもかげ』）。

人生の余白を意識するにつれ、山県の内的ストレスも高まっていった。自らが力を振るえる領域は狭まっていたが、それだけに彼は宮中での影響力の保持に執着した。山県晩年の悲劇的事件、「宮中某重大事件」の幕は静かに上がろうとしていた。

大正天皇の健康状態の悪化

この頃、大正天皇の健康状態も悪化の一途を辿っていた。天皇としての公務の増大による強いストレスが、幼少時に罹った脳膜炎に起因する病状を深刻化させ、徐々にその身体能力を奪っていった。現在の病名では、原発性進行性失語症などが疑われている。一九一六、一七年頃からそれは目立ち始め、かつてはフランス語を学び、作歌を通じて原敬と談笑し、乗馬もこなしていた天皇は徐々に座った姿勢を保つこともままならず、言語能力にも支障を来たすようになっていた。

大正天皇（右から３人目）と山県　写真は天皇が皇太子時代に古稀庵を訪ねた時のもの，1910年６月５日

　大正天皇が比較的健康だった頃から、すでに山県との関係はギクシャクしていた。天皇は軍事的素養に乏しく、些細《ささい》なこともその都度《つど》山県に下問した。また、自らの発言の重さへの自覚に薄く、それはしばしば山県を苛立たせた（「山県系官僚閥と天皇・元老・宮中」、「大正天皇の戦争指導と軍事輔弼体制」）。

一九一六年には、山県への枢密院議長辞任勧告問題が突発する。当時山県は小田原の古稀庵で起居し、枢密院本会議はほぼ欠勤していた。だが、枢密院議長としての事実上の人事権の行使によって、彼の枢密院支配は揺るがなかった（『枢密院』）。政界の一部からは引退を求める声も上がっていたが、山県は形式的に辞意を表明し、天皇の慰留→辞意の撤回という順序を踏むことで、天皇の信任を明らかにしようとした。当時よく行われていた宮廷政治的パフォーマンスである。

君主制の危機

だが一九一六年一二月、山県が辞任の意向を述べると大正天皇はあっさりそれを受け容れ、さらに辞表提出を再三にわたって促してきた。こうなる前に内大臣が調整すべきだったのだが、大山巌没後（同年一二月）の内大臣は空席で、翌年四月一四日、山県は枢密院議長の辞表を提出する。むろん、こうした事態を招いた根本の原因は、大正天皇の病状悪化にある。

結局、この問題は寺内正毅首相が山県の留任と松方正義の内大臣就任を上奏し、天皇がそれを内諾したことで落着する（五月二日。以上、伊藤『山県有朋』）。ところがこののち、さらに深刻な事態が発生する。

一九一九年一二月二五日、天皇は翌日に迫っていた帝国議会開院式での勅語朗読を急遽取りやめ、葉山に避寒する。当初山県は十分に練習を積めば朗読は可能と考え、宮相を叱りつけていたが、この日参内して天皇の朗読練習を実見した結果、無理だと判断した。すでに西園寺公望も天皇の回復は見込み薄だと考えており、以後、山県と西園寺は宮中の帳《とばり》の奥深くで密かに懊悩《おうのう》を重ねることになる（『倉富勇三郎日記』1）。

原内閣と山県

話を一九一八年九月の原敬内閣成立時に戻そう。

原内閣には山県の推薦もあって田中義一が陸相として入閣し、原と田中はシベリアからの兵力削減で合意していた（『原敬日記』一九一八年一〇月二五日など）。すでにドイツの敗色濃厚となり、露独勢力の極東進出などありえなかった。また、列強との協同出兵では単独出兵に比べてメリットも少なかった。この後も原と田中はほぼ一貫してシベリアからの撤兵を画策し、「シベリア緩衝国」の樹立を目論んでいた参謀本部は彼らの動きに抵抗したが、二人は連携してこれを押し切っている（一九一八年一二月）。

他方、原内閣は国防方針に拘束されることなく、実現可能な軍備拡張を実行に移していた。それは予算上では日露戦争以後、満洲事変以前で最大の規模となった（『官僚制としての日本陸軍』）。山県が原・田中コンビの撤兵方針にあえて異を唱えなかった背景には、こうした事情もまた存在していたのである。

山県自身もシベリア出兵に積極的な意義を見出せなくなっていた。一九一八年から一九年にかけて、ロシアではデニーキンやペトリューラ、コルチャーク、ユデーニチなどの反革命派の軍隊がモスクワやペトログラードを脅かし、レーニン政権は革命以来最大の危機に陥った。だが、山県は反革命派の勝利には懐疑的だった。彼らは皆「人を頼り」にしており、「大勇猛心を起し、危険の如き敢《あえ》て意とせず、疾風迅雷《しっぷうじんらい》的に作戦を導」く志士的人物には見えなかったからだ（『山縣公のおもかげ』）。

反革命軍も、帝政派や共和派、ロシア民族主義者やウクライナ独立運動など、さまざまな勢力がそれぞれの指導者の下に結集しており、「大勇猛心」など千差万別だった。山県のロシア観はあまりに国民国家的で、維新期の経験からの類推にも無理があったが、すでにこの時点で反革命派の勝利には幻想を抱いていなかった。

総督武官専任制の廃止

一九二〇年一月、アメリカ政府は唐突に撤兵を宣言し、撤兵の機運は政府内でも急速に高まった。山県もすでに撤兵同意の旨を原に伝えていた。だが、日本はその後も二年以上にわたってシベリア鉄道沿線や沿海州に駐屯し続ける。

なぜなら、一九一九年の三・一独立運動によって日本の朝鮮支配は大揺れに揺れており、その立て直しのためにもシベリアや北満洲への駐兵は必要だと考えられていたからである。三月、原はシベリア派遣部隊を沿海州などの朝鮮の隣接地域に配備する「反共駐兵方針」

に舵を切ったが、それに先立って植民地総督武官専任制を廃止して、朝鮮をはじめとする「外地」での軍権力の縮小に踏み切っている。そして、朝鮮総督には海軍大将の斎藤実を、台湾総督には文官（貴族院議員）の田健治郎を起用して、内地延長主義の名の下に同化政策を推進しようとした（一九一九年八月、朝鮮総督府・台湾総督府官制各改正公布）。すでに一九一九年四月には関東都督府は廃止され、新たに関東庁と関東軍が設置されていた。

山県は外地での軍権力の削減には非常に神経質であり、総督武官専任制の堅持にこだわっていた。だが、このとき山県は原内閣の官制改革を受け容れた。それは一体なぜか。

ドイツ革命の衝撃――世界観の崩壊

一九一八年（大正七）一一月、第一次世界大戦は独墺両帝国の敗北によって幕を閉じ、一九一九年一月に始まったパリ講和会議では日本は戦勝国の一角を占めた。六月にはヴェルサイユ講和条約によって、ドイツ領南洋諸島を国際連盟の委任統治領として管理することになる。この間、大戦景気によって日本経済は急速に発展し、一九二一年には日本の正貨保有量は米英に次ぐ世界第三位の座を占めていた。

しかし、山県の眼に映っていたのは荒涼たる世界だった。特に一九一八年一一月のドイツ革命はロシア革命をはるかにしのぐ衝撃的な出来事だった。

山県はドイツ人の尚武《しょうぶ》の気風を高く評価し、ヴェルダン要塞攻防戦の最中には、たとえ今次大戦でドイツが敗れても自分にとっての「模範国ドイツ」は揺るがないと断言していた。また、ドイツの徴兵令を「岩壁の内に崛起せる樹木」になぞらえ、ドイツ社会と軍隊の堅牢さを讃えていた（本書八七頁）。

そのドイツが革命によって崩壊したのである。しかも、革命の一端を担ったのは軍内に広がった労兵評議会だった。山県にとって、それは維新以来の近代化モデルの崩壊、否自らのよって立つ世界観の崩壊そのものだった。

いまやボリシェヴィキズムの脅威は、独墺両帝国・バルカン諸邦からイタリア・スペインに及んでほとんど「全世界を風靡」する勢いであり、国家組織が比較的堅牢な英仏米でも、この過激思想は「デモクラシー」という形式で社会組織に侵入し、国家を破壊しようとしている。日本でも事態は同様であり、特に「『デモクラシー』の説を以て此《これ》〔世間〕に迎合」したり、「労働問題起これば則《すなわ》ち過激思想を携えて此に追随」しようとする帝国大学教授の存在は目に余る。山県はこう述べ、いまこそ「国民的大精神を涵養皇張」せねばならぬと説いた（一九二〇年一月、原内閣閣僚宛山県意見書）。

ここで山県が危険視していたのは東京帝大助教授の森戸辰雄《もりとたつお》である。森戸は研究会誌『経済学研究』にロシアの無政府主義者クロポトキンの思想を紹介する一文を掲載し、これに山県と親交を結んでいた帝大教授の上杉慎吉《うえすぎしんきち》が攻撃を仕掛け、一九二〇年一月一〇日には帝大経済学部は森戸を休職処分に付す。一四日には新聞紙法違反で起訴され、三月三日、東京地裁は禁固三ヵ月の判決を下した。

元老が一介の大学教授の学問研究を危険視し、その排撃を主張するとは尋常ではないが、この意見書を受け取った原は即座に同意を表している。

デモクラシー的風潮に抗して

大正デモクラシーの風潮は貴族院にも浸透し、一九一九年のわずか一年間で貴族院の山県系会派の勢力は首位から第三位へと転落していた（伊藤『山県有朋』）。普選運動は大衆運動として街頭に溢《あふ》れ出て、一九二〇年二月一一日には東京で数万人を動員した一大示威行進が行われた。三日後の一四日には、憲政会と国民党などの三会派はそれぞれ普通選挙法案を衆議院に上程した。

二月二六日、原内閣はこれに衆議院解散で応えた。小選挙区制の利点を活かして、一気に普選運動に打撃を加えようというのである。すでに前年三月の第四一議会で、原内閣は小選挙区制の導入と納税資格の引き下げ（直接国税一〇円から三円）を骨子とする選挙法改正案を通過させていた。その威力を実地に検証すべき時が来たのだ。

山県は原の意図を正確に読み取っていた。時を同じくして北九州の官営八幡製鉄所では大ストライキが発生し、東京市街電車の組合員は同盟罷業《ひぎょう》に突入していた。それらはみな普通選挙運動と連携した革命運動であり、これらを「弾圧するは、目下の急務」だった（『田健治郎日記』一九二〇年三月二日）。

原と力を合わせて遣りたいものだ

原は電車罷業は内相に「適当の処置」を執らせてこれを解決し、「製鉄所怠業」は司法当局に処理を任せ、事業休止の決意で「応急措置」を執って事態を収拾した。喜んだ山県は古稀庵に松本を招き「どうも原は偉い。電車も製鉄所も収まった。原の遣り口は偉い」と称賛してやまなかった（『松本剛吉政治日誌』一九二〇年二月二七日、三月一日）。

一九二〇年五月二日には日本最初のメーデーが東京上野公園で開催され、参加者は一万人以上にのぼった。しかし、五月一〇日の総選挙では政友会は歴史的な大勝利を収めた。政友会は二七八議席を獲得し、憲政会は一一〇、国民党は二九議席にとどまった。普選運動の熱気は一気に冷却する。

最晩年の日々、山県が原敬の人格や政治的手腕を激賞していたことはよく知られている。将来自分が「一平民になつたなら、原と力を合わせて遣りたいものである」。また新聞の刊行は難しいが「金の五拾萬も拵《あつら》へて権威ある雑誌」をやってみたい（『松本剛吉政治日誌』一九二一年三月二七日）。山県はこうも述べている。

山県が言う「権威ある雑誌」の主筆に想定されていたのは上杉慎吉だろう。「原と力を合わせて遣」るというからには、政友会の協力をもある程度は見込んでいたのかもしれない。

山県は活字メディアを通じて大衆社会への働きかけを強めたいと考えていた。

段階的普通選挙実施論への歩み寄り

もう一つ注目すべきは山県の普通選挙への対応である。

山県は「自分〔山県〕は徴兵制度を主張したるときの趣旨より考うればとて絶対に〔普選に〕反対の出来ぬ様」と漏らして、原を驚かせたことがあったが（『原敬日記』一九一九年一一月六日）、これは突拍子もない発言ではない。これより先の八月七日、古稀庵を訪れた田健治郎は山県に普通選挙の段階的実施を提案している。田は貴族院議員であり、一〇月に初の文官として台湾総督に就任する。

田は言う、民主思想のわが国への流入は最早抑えようがない。それを抑圧すればあるいは爆発して革命となり、「国体の尊厳」を脅かすかもしれない。いまはおもむろに「立国の大方針」を決定し、「世の所謂《いわゆる》民本主義を取り」、「君民共治」の実を挙げねばならない、と。具体的には「先《ま》ず普通選挙法を採り」、これを市町村から府県会レベルへと段階的に実施し、一〇年内外を期して帝国議会に適用すべきである。

田の意見はかつての山県の地方自治制に関するボトムアップ論を彷彿とさせる。山県は寸時熟考していたが、やがて「普通選挙防遏《ぼうあつ》」は不可能であり、田の言う通り漸次これを実施して、わが国体との融合を図るべきだと答えている（『田健治郎日記』一九一九年八月七日）。

山県は陸軍常備兵力の大拡張を唱えていた。いわば軍隊の大衆化である。とするならば、兵役義務への政治的対価として普通選挙を認めることはもはや避けられない。こうした文脈で、山県は普通選挙の段階的実施論に歩み寄っていった（『山縣公のおもかげ』）。もっともその考えはなお揺れていた。一九二〇年八月に衆議院が紛糾すると、山県は「選挙権の低下拡張」にその原因を求め、普通選挙は時期尚早だと述べている（『田健治郎日記』一九二〇年八月二日）。

対外政策でも山県は原内閣の国際協調路線に接近していった。一九二〇年一〇月一三日、山県は『ニューヨークタイムズ』紙に寄稿して、自分は日米友好を強く祈念し、アジアの覇権の掌握などは「時代錯誤なると同時に又狂乱」である、日本は東亜やシベリアに野心など抱いておらず、シベリアの秩序が回復され次第ただちに撤兵する、と述べている。

これは一種の国際公約と見なして差し支えあるまい。条件付きとはいえ、山県はシベリアからの撤兵を有力な活字メディアを通じてアメリカ社会に明示したのである。

山県は原の施策を評価し、急速に歩み寄っていった。両者の紐帯《ちゅうたい》は、この後顕在化した君主制の危機によっていっそう強まっていく。

2 宮中某重大事件——政治的没落

皇族臣籍降下問題

この間、大正天皇の健康問題は深刻の度を増し、皇室制度それ自体の動揺も懸念されていた。宮内省はそれを予防すべく、さまざまな皇室制度改革に取り組もうとしていた。

まずは皇族の増加による国庫負担を軽減するため、「皇族は八世にして臣下に降下」するという趣旨の「皇族降下令」の制定に取り掛かった（『原敬日記』一九二〇年三月一七日）。時の天皇を第一代として、五代目（孫の孫の子）からは次男以下は皇籍を離脱し、九代目からは一族そのものが皇族ではなくなるという制度である（『倉富勇三郎日記』1）。

山県、松方正義、西園寺の三元老、原敬、さらには大隈重信なども皇室降下令には賛成であり、三月一七日の枢密院本会議は全会一致でそれを可決する。ところが、「皇統断絶」の可能性を理由に一部の皇族が反発し、四月八日の皇族会議は当日になって突然延期された。

反対の中心人物は久邇宮邦彦王《くにのみやくによし》や伏見宮博恭王《ふしみのみやひろやす》だった。山県は「皇族がこの案に反対することは、皇室自身の不徳につながる」とまで直言したが、久邇宮は納得しなかった。西園寺もまた、久邇宮らの意見は「露骨に云えば〔利己的な〕町人根性なり」と述べ、怒りを露わにしていた（『倉富勇三郎日記』一九二〇年四月一九日、五月一〇日）。こうなったら勅旨（天皇の意向）を仰ぐしかない。山県はそう考え始めていた。

五月一五日、再度開かれた皇族会議は不穏な空気となり、議長の伏見宮貞愛王《さだなる》は採決せず、結局、大正天皇の勅旨によって皇族降下令は成立した。枢密院と皇族会議が正面衝突する事

裕仁親王（左）と良子女王

態はかろうじて回避された。「是《こ》れにて甚だ面倒なりし皇族降下令準則決定せられたり」と原は安堵した（『原敬日記』一九二〇年五月一五日）。だが山県と久邇宮との関係は悪化しており、宮中某重大事件に繋がる火種はすでに燻っていた。

事件の政治問題化

この頃、成年を迎えようとしていた皇太子裕仁《ひろひと》親王の婚約問題も急浮上してきた。

一九一九年六月一〇日、裕仁親王と久邇宮良子《ながこ》女王（邦彦王長女）との婚約内定が発表された。ところが翌年夏頃、良子女王の母方の家系（島津家）に色覚異常が見られることを陸軍軍医総監経由で山県は知る。山県はこれを「由々《ゆゆ》しき一大事」と受け止め、臣籍降下問題で不手際が多かった波多野敬直《はたのよしなお》宮相を更迭し、山県系の中村雄次郎《なかむらゆうじろう》を据え、問題解決への態勢固めを図った。

一九二〇年一〇月、山県は松方・西園寺両元老に委細を告げ、三元老は宮相に対してより詳細な調査を命じた。結果は軍医総監の報告を裏付けるものだった。一一月、三元老と中村宮相は極秘裏に婚約解消に向けて動き始める。

大正天皇が壮健だったならば、この問題は天皇の判断に委ねられたであろう。だが、天皇の健康状態を実見していた山県らは、調査結果を久邇宮に内示して婚約を辞退させようとした。久邇宮はこれに激怒し、一一月二八日、貞明《ていめい》皇后に上書して宮内省の不当を訴えた。だが、それはかえって皇后の不興を買った。

一二月七日、西園寺は原首相に事件の一部始終を打ち明け、翌八日、原は山県を訪問して詳細な説明を求めた。こうして、事件は政治問題化の様相を呈し始める。

人倫論の登場

久邇宮の抗議を受けて、政府は宮中関係者以外の専門家（東京帝国大学医学部長など）に再度鑑定を求めたが、鑑定結果は覆らず、久邇宮もいったんは矛《ほこ》を収めたかに見えた。一二月三〇日、山県は事前の調査が不十分だったことを認めて、自らの「待罪書」を上書して元老としての責任をとろうとした。

ところが、東宮御学問所御用掛杉浦重剛《すぎうらじゅうごう》の運動によって事態は新たな局面を迎える。裕仁親王に倫理学を教え、なおかつ、良子女王の家庭教師でもあった杉浦は、婚約破棄は国民道徳の模範たるべき天皇家のなすべきことではないとの反対論を明らかにしたのである。いわゆる「人倫論」である。

大正天皇の精神的肉体的衰えを実見していた山県から見れば、「皇統の純血」は絶対だった。しかしながら、杉浦や彼に合流した頭山満《とうやまみつる》の玄洋社や対外硬派・右翼浪人グループや薩派の一部などの見解では、真の国体の危機は婚約破棄によってもたらされるだろう国民道徳への悪影響そのものだということになる（以上、伊藤『山県有朋』）。

彼らは皇太子婚約問題の背後には、宮中における権力を維持・拡大しようとする山県の「邪悪な策動」があると疑い、その攻撃はもっぱら山県と彼に協力的な原首相に集中した。しかも厄介なことに、婚約問題は皇太子の外遊や摂政設置問題とも連動し始めていた（『宇都宮太郎日記』一九二一年二月一一日）。

皇太子外遊問題

裕仁親王が「皇太子たる風格」にやや欠けていたことは、一八歳の成年式（一九一九年）でのぎこちない振る舞いを見た人々の痛感するところだった。宮中で開かれた宴会の席上、周囲の人々から話しかけられても皇太子は「石地蔵」のように無言であった。山県や原は外遊によって、裕仁親王に「王者の自覚と風格」が備わることを期待していた。

山県は皇太子を軍務に触れさせることにより、将来の大元帥としての資質を涵養したいと願っていた。若き日の明治天皇がそうであったように、皇居内で近衛兵に対して実兵指揮を試みたらどうかと考え、一部は実行に移された。だが、のちに生物学研究に熱中する皇太子は殺生を想起させる射撃練習は好まなかった。

山県は若き日の西洋体験が自らの人生を大きく変えたとの考えから、同様の経験を皇太子にも積ませたいと望んでいた。「此点に付《つい》ては山県元帥の意見は余程進歩的」であり、彼は皇太子を便宜上「伯爵位の資格」にして「至極《しごく》手軽に〔海外に〕御微行《びこう》（おしのび）」させることができれば、とまで突き詰めていた（『奈良武次回顧録』）。

原も皇太子の外遊には大賛成であり、しかもなるべく早く行うべきだと考えていた。大正天皇の病状に回復の兆しは見られず、皇太子の摂政就任が現実味を帯びてきたからである。とはいえ、皇太子への海外でのテロ行為を懸念する声も多く、貞明皇后も洋行には難色を示していた。

婚約は予定通り

洋行には、山県に反感を抱いていた民間右翼や国粋主義団体も強く反発していた。彼らの多くは久邇宮を支持しており、山県や原が皇太子渡欧の隙を衝いて婚約破棄を仕掛けるのではないかと疑っていた。彼らは、翌一九二一年二月一一日の紀元節に明治神宮で一大決起集会を開こうとした。

すでに、山県らの「不忠」を攻撃する匿名の印刷物が政府要路や新聞社などに送付され、婚約問題は政界をも巻き込むスキャンダルへと発展し始めていた（『原敬日記』一九二一年一月二四日)。

ことここに至って、山県もついに折れた。二月一〇日、宮内省は婚約内定に変更はないとの発表を行った。しかしながら、不穏な状況は続いた。民間右翼のなかには「殿下いよいよ〔洋行〕御出発の際は鉄道線路上に伏し、死を以て諌止《かんし》する」と唱える者もおり、二月二六日には西園寺八郎(公望の養子、宮内省式部官)が自宅で襲撃を受けている。

三月三日、皇太子はお召艦「香取」で欧州へ出発、英国・オランダ・ベルギー・フランス・イタリアといった諸国を巡遊して、九月三日、無事日本に戻ってきた。山県は皇太子の動向を伝えるニュースに一喜一憂し、ヨーロッパでの皇太子の評判がよろしいとの報に接して胸をなでおろした。

この間、山県の進退問題にも決着が付けられた。天皇の優諚《ゆうじょう》によって山県の「待罪書」は不問に付されたのである。「之で心持可く御奉公が出来る」(『松本剛吉政治日誌』一九二一年五月一八日)、山県は安堵のため息をついた。だが、皇室問題はなおも燻っていた。皇太子の帰国とともに摂政就任問題が政治日程に上ってきたのである。

3　古稀庵での最期の日々

日本の歴史では、玉（天皇）を掌中に収めた側が「勤王」（尊王）を独占し、政治的反対者は最悪の場合「逆賊」の汚名を被る。だが、玉が掌中からこぼれ落ちると形勢は逆転し、昨日の逆賊は今日の功臣に、今日の功臣は明日の逆賊となる。その場合、「天意」（天皇の意向）は時に必ずしも明白でない。幕末維新の動乱を経験した山県は、そうした「尊王のパラドックス」を自身で体験していた。

「山県久しく権勢を専らにせし為め、到処《いたるところ》に反感を醸《かも》したるは此《この》問題の最大原因なるが如し」。原は山県の勤王論には疑念を抱かなかったが、世間一般の反山県感情は鋭く感知していた。それがこうした冷評となって表れた（『原敬日記』一九二一年二月一一日）。

「婚約は予定通り」との報道が行われた二月一二日付の田中義一宛書翰のなかで、山県は「自分は勤王に出で勤王に討ち死にした」と激烈な感情を露わにしている。また、「とぶ蛍《ほたる》うちおとされて川の面に光りながらに流れてぞゆく」との歌を詠み、無念な気持ちを近侍者に漏らしている。

彼の内面にはなお、頽勢《たいせい》挽回への残り火が燃えていた。そして、失脚した山県に代わって原が貞明皇后の意向を汲みながら婚約破棄の方策を模索していた（『大戦間期の宮中と政治家』）。

大正に入り顕著となった元老筆頭としての山県の存在感は、世間では「大権を私議する者」といったイメージの培養基となった。かつて桂太郎もそうした落とし穴に嵌《はま》ったが、大正政変の場合には非難は閥族全体に向けられ、そのエネルギーは大衆運動として解き放たれた。だが、今回は宮中の深い帳《とばり》のなかで事態は進行し、その憤激も山県への個人的テロル、「天誅」という形を取ることになる。

天誅の脅威

若き日の山県は天誅を下す側におり、尊攘派のテロルが宮中関係者も容赦しなかったことをよく承知していた。いまや舞台は一転し、山県自身がその標的になろうとしていた。

当時、山県の言動や書翰には、「勤王」や「討死」「俗論党」といった尊攘派の時代を彷彿《ほうふつ》とさせる言葉が頻出する。このことは山県が天誅を強く意識していたことを示している。

山県にとって、社会主義者と一戦を交えて死ぬことは厭《いと》うところではなく、伊藤博文のように韓国人愛国者の手にかかることも立派に「死処を得た」ことになる。しかし、「君側の奸」の汚辱にまみれて死ぬことは、勤王家を自負していた山県にとって耐え難い屈辱だった。

彼は右翼のテロルには、わずかな兆候にも強く反応した。山県の「不忠」を糾弾する演説を小田原御幸《みゆき》の浜で行うとの浪人吉羽某のビラを読んだ山県は、「今日の内務省、警視庁などではとても取締りは出来ぬと思うから、〔中略〕陸軍大臣〔田中義一〕から壮士五十人ばかり借り受けて皆殺しにしてやろうと思う」と松本剛吉に激語している。その意向を汲んだ松本は配下の壮士を使って、吉羽の動きを「鉄拳」で封じ込めている。

山県にとってそれは権力意志の発動であると同時に、自らの「実存」をかけた闘争でもあった。「性格は運命を作る」(『近代日本の政治家』)とは、まさにこういったことを指すのであろう。神輿として担がれることを拒んだがゆえに、彼は悲劇的運命を自ら引き寄せようとしていた。

自分は切腹するかもしれない

大正天皇は自らの病状を認識しておらず、筆勢は衰えてはいたものの法律や勅令への署名は行っており、綾小路《あやのこうじ》(旧姓大炊御門《おおいのみかど》)家政《いえまさ》などの侍従には摂政設置に反対する動きもあった。

元老筆頭の山県が摂政設置を進言し、天皇がそれを容れなかった場合、自らをどう処すべきか。山県はそう自問して、その場合には「切腹するかもしれない」と述べている(『松本剛吉政治日誌』一九二一年六月一一日)。

同様の質問を山県は、かつての政敵原敬にも投げかけている。原は「時代錯誤かもしれないが自分は切腹する」と答え、両眼に涙をたたえた。そして、山県もまた落涙したという(『松本剛吉政治日誌』一九二一年七月一〇日)。

「切腹」とはたんなる比喩かもしれない。だが、乃木希典の殉《じゅん》死《し》から十年と経っていないこの時期、切腹という言葉には現実味があった。のちに山県は、原こそは「真の勤王家」だったと述懐しているが、原のこうした覚悟に対する深い共感があったのだろう。

一九二一年、時代は幕末の「尊攘派の時代」を彷彿とさせるものがあった。すでに一九一九年一〇月七日、右翼関係者によって東京芝の政友会本部が放火され焼け落ちていた。二一年九月二八日には、「神州義団団長」を名乗る一青年が安田財閥当主安田善次郎を大磯の別荘で刺殺して自決した。彼は遺書のなかで、自らの行為を「天誅」と称していた。

「首相と山県は確かに刺客に狙われている。そのイメージが予〔松本〕の眼の前にちらつき、幻のように見えて堪らない」(『松本剛吉政治日誌』一九二一年一一月二日)。山県とその周辺はテロルの脅威に身構えた。

原敬暗殺の衝撃

松本の悪い予感は的中した。一九二一年(大正一〇)一一月四日、東京駅丸の内南口で原敬は一八歳の青年によって刺殺された。背後関係は不明である。

暗殺の報に山県は非常な衝撃を受けた。「原は政友会の俗論党及び泥棒等に殺されたのだ」と言い、さらに続けて、「原が勤王家にして皇室中心たることを〔自分は〕見抜いていた。頗《すこぶ》る残念だ」と呻《うめ》いた。そして、これを境に山県の健康状態は急速に悪化し、静養先の小田原古稀庵で病の床についた(『松本剛吉政治日誌』一一月五日)。

原の横死は摂政設置問題にも致命的な打撃を与えたかに見えた。摂政の設置という高度に政治的な判断を自らの病の認識が薄い大正天皇本人に仰がねばならなかったからだ。一一月二二日、言上の大任は松方正義内大臣と牧野伸顕宮相に託されたが、彼らの摂政設置意見を天皇は十分理解できたかどうか、すこぶる疑わしい。だが、元老も宮内官僚も政府（高橋是清内閣）も裁可されたものとして手続きを進めた。

天皇は各種書類の決裁に必要な印籠《いんろう》（「可」、「聞」、「覧」の印鑑）の皇太子への譲渡に強く抵抗したと伝えられている（『牧野伸顕日記』一九二一年一一月二一日、二二日。四竈孝輔『侍従武官日誌』一九二一年一一月二五日）。

晩年の政治的悲喜劇

大正天皇への対応は、受け取り方によっては、「君主押し込め」であり、「不忠の極み」でもあった。ただ、山県はすでに重篤《じゅうとく》な病の床に伏しており、宮中での遣り取りがどこまで耳に入っていたかはわからない。

洋行後の皇太子は「余程明朗闊達」になり、公私の社交も上達していた。英国流の立憲君主制を強く支持するようになり、自分は現人神《あらひとがみ》ではなく、「国家国民との関係は君臨すれども統治せずと云う程度を可とす」と東宮武官長の奈良武次《ならたけじ》に語っている。

非藩閥出身（栃木）の奈良は皇太子洋行反対論には与《くみ》していなかったが、山県や西園寺の考えには批判的だった。彼によれば、君主制をめぐる空気の変化は第一次世界大戦後に顕著となり、「日本にも余程彌漫《びまん》し、元老殊《こと》に山県、西園寺両元老の如きさえ余程かぶれ」ていた。「宮内省の若手」にもこうした空気は広がり、彼らは皇太子に接近して民主的思想を鼓吹《こすい》したという（「奈良武次回顧録」）。

回顧録特有の偏《かたよ》りがあるとはいえ、民間右翼や国粋主義者の目には、山県は反国体的なデモクラシー思想の信奉者のように映っていたのかもしれない。デモクラシー思潮を「偽装したボリシェビズム」とみなしていた山県に言わせれば、誤解以外の何物でもない。まさに政治的悲喜劇である。

なお、婚約問題はこの後、摂政宮自らが決断を下したことで最終的な決着をみる。一九二二年六月二〇日、山県の死からおよそ五ヵ月足らずのことであった。

死　去——樹木多く清泉湧き、極めて風致宜しき所

古稀庵での最期の日々、山県は安心立命の境地にあったといえよう。「近頃は明治大帝や今上陛下幷《ならび》に摂政宮殿下の夢と原〔敬〕の夢をよく見る」。摂政宮殿下の評判がよろしいことを聞き、「己ももう死んでもよい」。山県は松本にそう語っている（『松本剛吉政治日誌』一九二二年一月一〇日）。

一九二二年（大正一一）一月下旬、病はいよいよ深刻となった。一月二五日、宮相牧野伸顕と皇后宮大夫大森鍾一が山県を見舞いに訪れ、大森は皇后の詠んだ歌を伝えた。山県は周

囲の制止を振り切って病床に上体を起こし、両人に涙をたたえながら礼を述べた。三一日には内大臣松方正義と枢密顧問官三浦梧楼、そして宮内省御用掛平田東助が訪れた。このときは会話を交わすことができたが、すでに意識は朦朧《もうろう》としており、山県は自分はいま「いずことも弁《わきま》えぬが、樹木多く清泉湧《わ》き、極めて風致《ふうちょ》宜しき所」に佇《たたず》んでいると漏らしている。

二月一日午前九時、臨終状態に陥った山県の枕頭《ちんとう》に、親族・知友・従者はもとより料理番や家政婦に至るまで、在宅していたすべての人々が集まった。山県はその後しばらく経ってから静かに息を引き取った（『山縣公のおもかげ』、『松本剛吉政治日誌』）。

終章　二一世紀に召喚される山県

国葬――押し寄せる群衆

一九二二年（大正一一）二月九日、山県有朋の国葬は日比谷公園で執り行われた。遺骸はその日のうちに護国寺（現文京区音羽）に葬《ほうむ》られた。同寺は徳川家ゆかりの名刹《めいさつ》であり、大隈重信や三条実美の墓所もある。

山県の国葬に民衆は無関心だった。彼の権力基盤は民衆にはなく、その権力意志は支配機構の掌握に向けられていた。「彼から見捨てられていた民衆は、それ故、また彼を見捨てて」おり、万余の参列者が詰めかけた大隈の国民葬とは対照的に、山県の国葬は寂しいものだった（岡『山県有朋』）。こうしたイメージはいまも根強く、多くの山県論にも微妙な影を落としている。だが、それはやや整理されすぎた嫌いがある。

当時の新聞報道を見る限り、民衆は山県の死に無関心ではなかった。

「沿道に溢る丶群衆の波」（『大阪朝日新聞』一九二二年二月一〇日夕刊）「葬場外の雑沓〔ママ〕声を嗄《か》らした警察官　雪崩《なだれ》を打つ電車通」（『東京朝日新聞』同年二月一〇日夕刊）。たしかに葬場内の幄舎《テント》のなかは「ガランドウの寂しさ」(『東京日日新聞』二月一〇日朝刊)だったかもしれない。だが、日比谷公園沿いの街路には数万の群衆が押し寄せ、「海嘯《つなみ》のような混雑」が起きていた(『大阪朝日新聞』二月一〇日夕刊)。

国葬での服装は厳密に決められ、大礼服《たいれいふく》または燕尾服《えんびふく》の着用が求められていた。その結果、代議士はもとより、「故公〔山県〕の恩顧の高級将軍の中にすらも些《いささ》か服装の規定に反した為めに入場を拒絶されたものがあった」という(「服装差別待遇の撤回」、『太陽』一九二二年三月号。『フロックコートと羽織袴』)。参列希望者は式服の調達に苦心し、準備できなかった弔問客は入場を断念せざるを得なかった。朝方の雨で幄舎内の座席が濡れていたことも、空席が多い一因となった。

当時の写真を見ても、内幸町・日比谷界隈は文字通り黒山の人だかりである。喪章を付けている者は少なく、多くは見物気分だったかもしれない。だが、それにしても相当な人出である。

人形は放たれたり

注目すべきは、日比谷公園と護国寺という国葬の始点と終点が、二日後に大衆運動の舞台となっていることだ。

二月一一日の紀元節当日、芝公園大隈侯銅像前で開催された第二回普選大会に参加した群衆約五〇〇〇名は、内幸町の国勢院総裁小川平吉邸に投石し、その約半数は日比谷公園から二重橋前に出て「天皇陛下万歳」を三唱して解散している。

同日午前、護国寺前には官業労働者が集まり、「女工」を先頭に立てて「失業防止大示威運動」を始めている（『東京日日新聞』二月一二日）。森厳《しんげん》な国葬が執り行われた都市空間は、わずか二日後には大衆運動のエネルギーに充ち溢れていた。

当時、自由主義者石橋湛山は山県を「絶大の権力」者として捉え、日本の政治が「一定の範囲内をぐるぐる回って」飛躍できないのは、山県が舞台上から「人形」（政党勢力をも含む各種政治主体の比喩）を操っているからだと断じた。山県の死によって、人形は「自由にその踊りを踊り得る」ようになるだろうと語った。湛山は、山県が死去した翌二月二日に政友会が陸軍縮小建議案を議会に提出したことを捉えて「人形はかくも即座に放たれたのである」と評している。

本書で述べてきたように、外観の強大さとは裏腹に山県の政治権力はすでに空洞化が進んでいた。もっとも、政治は見かけ上のイメージで動くものでもあり、湛山の議論はそういった意味では正しかった。湛山はさらに続けて言う。「解き放たれた人形」がよく踊るとは限らない。「醜《みにく》い踊り」を演じたり、踊りが「混雑」を来すことも予想される、と（「死もまた社会奉仕」、松尾尊兊編『石橋湛山評論集』）。

大衆の海に浮遊する権力

人形が解き放たれた世界には大衆が登場しつつあり、それは移ろいやすく制御しにくい存在だった。山県の国葬をめぐる一連のエピソードは、こうした大衆社会のあり様をよく示している。

だが山県にとって、事態は湛山が考えていた以上に深刻だった。人形を操れるだけの力など山県にはなかった。外観は強力だが、本人や周囲は不安に苛まれており、内外の「不穏な動き」に過剰反応し、それがさらに人形たちの反発を買う。権威主義は強固になり、政策的意思決定は硬直化し、側近との疎隔が目立つようになる。ドイツ帝国の崩壊によって、彼の世界観もまた潰え去っていった。

山県系官僚閥もその力を失い、山県にとっては趣味的な「星団」的小集団の方が意味をもつようになってきた（「もうひとつの山県人脈」）。森鷗外らの常磐会、高橋箒庵らの茶人・数寄者の集まりなどである。

そして、晩年の山県の窮地を政治的に救ったのが「平民宰相」原敬であった。二人はともに普選運動の攻撃対象であり、君主制の動揺に由来する政治的テロルの標的でもあった。

山県は民衆に背を向けていたと言われる。だが、それは非政治的軍人としては当たり前のことだろう。軍人が民衆に働きかけ、扇動することの危険性を山県はパリで実見していた（ブーランジェ事件）。三大事件建白運動に関わった四将軍や自ら政党を組織した桂太郎は、山県に言わせれば、「建軍の本義」を弁えない秩序攪乱分子に他ならない。山県の反民衆性を指弾しても、彼は昂然とそれを肯定したに違いない。

もっとも、晩年の山県は活字メディアを通じて大衆に直接働きかけようとしていた。大軍拡をめざしていたがゆえに、普選にも徐々ににじり寄っていったのである。

軍国主義とは何か

では、「日本軍国主義の象徴」という山県のイメージは妥当だろうか。その場合、カギとなるのは徴兵制についての評価だろう。以下、この問題について若干触れてみたい。

近代戦に必要な装備や食料、つまり「戦争経営手段」はあまりに膨大であり、それを賄えるのは近代的統一国家だけである。

戊辰戦争における薩長土三藩のように、雄藩の財政力でも内戦は戦い抜くことができたが、欧米列強の軍事力から国土を防衛するためには国民軍、すなわち、統一的陸海軍の建設は必要不可欠であり、それを支え得るのは統一国家の国家財政に限られる。近代化された軍事力を活用するには、各藩バラバラの軍隊の編制・階級を統一する必要があり、膨大な歩兵火力を確保するためには身分制度の打破、つまりは国民皆兵制度の導入は必至だった。近代国家による物理的強制力の合法的独占が追求されねばならなかった。

このような政治社会体制を軍国主義と呼ぶのなら、近代国家は多かれ少なかれ軍国主義である。したがって、徴兵制度の導入や近代軍の建設をもって、山県に軍国主義者のレッテルを貼っても意味はない。留意されるべきは、山県の政治的価値体系のなかで軍事が持っていた重みであり、彼の軍備構想の妥当性如何《いかん》ということだ。

現実主義と覇権主義の間

日露戦争までの山県の陸軍軍備拡張案は比較的抑制されていた。ところが、日露戦後になると一気に平時三三個師団構想にまで膨れ上がる。これは当時の財政逼迫状況への配慮に欠けたものだった。

その目的は当初は満洲でのロシア軍との均衡維持にあったが、財政危機が解消され、ロシアの脅威も事実上消滅していた第一次世界大戦期には、かつての主権線・利益線論のような、理性的で分析的な議論は影を潜め、ウラル山脈以東や「支那全土」といった茫漠とした大陸空間の防衛や保全が唱えられていた。そして戦時四一個軍団という常軌を逸した軍拡目標が設定された。

もっとも、現実外交では山県の意見は相当抑制的である。征韓論や台湾出兵には反対し、壬午・甲申事変の主戦派は山県よりも薩派だった。日清戦争の外交を担ったのは伊藤博文や川上操六、そして陸奥宗光であり山県ではない。義和団出兵に際しては慎重であり、厦門《アモイ》事件のきっかけは作ったが事変鎮定後の撤兵は迅速だった。日露開戦に際しても、最終的な開戦の意思決定の責を負ったのは元老集団、とりわけ伊藤だった。内政と同じく外交でもまた、山県は「決定的瞬間」には黒幕的にふるまっている。

山県は対華二十一ヵ条要求には反対し、原敬内閣のシベリア撤兵方針にも逸早《いち》く賛意を表した。自ら進んで『ニューヨークタイムズ』紙上で日米友好を謳い上げてもいる。

山県の意見の「二重構造」

ところが、国内外で君主制の危機が顕在化すると、山県の反応は一気に激烈化し、黒幕から表舞台に躍り出る。幸徳秋水らに対する苛烈な弾圧、辛亥革命に際しての満洲出兵論、ニコライ2世の処刑に触発されたシベリア出兵論などである。それがあまりに激烈だったがゆえに、人々の山県イメージはそうした局面で固定化されてしまったといえよう。また、議論の振幅の大きさは、周囲の人々をしばしばとまどわせた。

過激な尊王論者だった山県が官僚政治家として大をなしたことは、歴史の巧まざる配剤だった。文明国であろうとするならば、民族主義は法治国家のなかでコントロールされねばならない。伊藤とともに明治国家を建設した山県は、それにもっとも自覚的な政治家だった。だが、時に覇権主義的な逸脱を見せた。

山県は大衆から超然としていたがゆえに、ポピュリズムとは無縁だった。そのため、対華二十一ヵ条要求のような露骨な帝国主義外交、あるいは革命外交と距離を置くことができた。

また、政党政治や議会政治を全否定したことはなく、それらと折り合いをつけながら政局を運営することに腐心していた。衆議院第三党の育成による二大政党の操縦を試みた三党鼎立論などはその最たるものだろう。ときに「憲法停止」を唱えることもあったが、実際の政局運営は慎重であった。こうした「二重構造」は、彼の外交構想にも見られる特徴であり、その本音を捉えがたくしている。

昭和期における軍部の台頭は国家総動員準備と表裏一体の関係にあると言われるが、本論で述べたように、それを「山県的なるもの」と直結させるのは早計である。政治的対立から超然とした「天皇の軍隊」という建前は、国家総動員体制とは必ずしも整合しないのである。

山県は徴兵制の対極にある民兵制度＝人民武装論には真っ向から反対していた。彼がもう少しだけ長命を得て、一九二三年一一月の国民社会主義ドイツ労働者党による軍事クーデター、アドルフ・ヒトラーによるミュンヘン一揆の報に接したら、どのような反応を示しただろうか。興味深い「歴史のイフ」である。

権力の消長

山県の権力基盤は官僚制（陸軍）にあった。山県は陸軍、議会（政党勢力）、内閣との間で巧みにバランスをとりながら、自らの政治権力を行使していた。敵対勢力は、当初は自由党、ついで対外硬派や社会主義勢力だった。山県にとってそれは国家防衛そのものであり、敵対勢力はそれを「公私混淆」と非難した。

彼の権力を最終的に支えていたのは、時に緊張を伴いながらも相互的な信頼感に支えられていた明治天皇との政治的・人間的関係だった。したがって明治天皇が亡くなり、大正天皇の病状悪化によって事実上の「大空位時代」が始まると、山県の権力も衰退し始める。宮中某重大事件はその端的な現れである。

山県の死と相前後して、君主制の存在を原理的に否定し、国際共産主義運動の一翼を担う日本共産党が生まれた。「天皇の軍隊」は内外からの「赤化」の脅威に震撼し、佐官級将校の一部グループは官僚的統制から逸脱し始める。それは、山県や伊藤、そして児玉源太郎が非常に厭わしく思い、その生成の芽を摘もうとした「政治的軍隊」そのものだった。

たしかに、山県の死は政治改革への動きを加速させた。だがそれは同時に、政治的対立から超然とした「天皇の軍隊」という建前を守り抜こうとした軍人政治家の死も意味していた。

建前は虚実から成っている。かつての朝敵藩や民権派から見れば、「玉」（天皇）を囲い込んで自らの政治的正統性を主張する藩閥勢力、とりわけ山県は勝者の特権を独占した憎むべき存在だった。一方、政治的非命に斃れた西郷隆盛は民権派や国粋主義者、さらには市井の人々によって敬愛され今日に至っている。

建前はそれを奉ずる人々に一定の自己抑制を促す。天皇の露骨な政治利用は山県のもっとも憚《はばか》るところであった。その閾《しきい》をうっかり越えた桂太郎は、政治力を急速に失った。だが、桂の行動を冷ややかに見ていた山県もまた、宮中某重大事件に見られるようにこうした「尊王のパラドックス」に陥ってしまったように思われる。

明治国家は朝敵の名誉回復を適宜行うことによって、統治を安定させてきた。それを可能にしたのは、明治天皇の圧倒的なカリスマ性だった。だがそれでもなお、明治維新における対立のわだかまりは残っていたのである。

吉田茂と伊藤・山県

山県が最晩年に日本の運命を託そうとしたのは政友会の原敬と西園寺公望、それに摂政宮、のちの昭和天皇だった。

ところが原は暗殺され、それから約二〇年後の一九四〇年一一月、西園寺は無力感に苛まれながらこの世を去った。日米関係も破局を迎え、太平洋戦争では陸海軍は主権線も破られ、大日本帝国は崩壊した。敗戦の結果、日本の君主制は廃絶の淵に臨んだ。晩年の山県の脳裏に明滅していた、一連の暗い予感は的中した。

一九四七年五月三日、日本国憲法の施行によって天皇は日本国の象徴となり、伊藤博文や原敬、大隈重信の衣鉢を継ぐ政党政治も復活を遂げた。昭和天皇の「勅を奉じて」サンフランシスコでの講和会議に臨んだ吉田茂によって、日本の独立は回復した（「奉勅」という語はこの時に吉田が詠んだ漢詩「唯奉勅使萬里外……」による）。

若き日の吉田を引き立てたのは朝鮮総督の寺内正毅であり、吉田が明治の軍人のなかで最も高く評価していたのは、日露戦争で早期講和の旗を振った児玉源太郎だった。晩年の児玉は原と親交を結び、寺内と児玉はともに山県閥に属しながら、山県とは意図的に距離を置こうとした。

吉田は軍人の政治関与を嫌っていた。一九〇三年、伊藤博文は大磯の別宅滄浪閣に岩倉具視、三条実美、大久保利通、木戸孝允を祀った小祠を設けて四賢堂と称したが、伊藤の死後それは本人も合祀されて五賢堂となり、戦後、吉田によって西園寺公望が祀られて六賢堂となった。現在は吉田も合祀されて七賢堂とされている。吉田が敬愛していたのは伊藤博文であり、その系列に属する政治家や軍人たちだった。

「召喚」される山県

吉田が軽武装・経済成長重視路線を主張したことはよく知られている。だが、それは「我国防第一線たる朝鮮の独立扶植《ふしょく》は我外交の要点」という利益線論と表裏一体の関係にあった（一九六一年一二月一〇日付池田勇人宛吉田茂書翰）。

太平洋戦争の敗北とともに、山県の権力基盤だった陸軍、さらには内務省、枢密院、貴族院は解体され、彼の政治的遺産も急速に忘れ去られていった。その後の高度経済成長のなかで、山県は過去の人となった。

しかし、山県の死から一〇〇年を経て、彼は再び召喚されつつあるように見える。歴史の舞台は大きく回転し、さまざまな局面で「国のかたち」が、いま大きく問われている。その多くは、軍国主義の名の下に戦後封印され続けていた「山県的なるもの」に関わっている。

封印できた歳月は、日本にとっては幸せな日々だった。いまや山県の主権線・利益線論は主客顛倒し、中国のいわゆる第一列島線・第二列島線論として蘇ったように見える。「皇統」のあり方をめぐる議論も活発化している。大量破壊兵器を誇示し、民主主義とは異質な個人崇拝を「国体」とする一連の国家群の存在は、軍国主義とは何かという問題をわたくしたちに否応なく突き付ける。「山県有朋の時代」はいま幕を開けようとしている。

あとがき

一九七二（昭和四七）年の秋だったと思うが、私は護国寺の境内で「山県有朋の墓碑」に偶然遭遇した。さすがにその人の名は知っていたので、「これがあの歴史上の人物のお墓か」と勝手に感慨に浸っていたのだが、いまにして思えば、それは山県伊三郎ら山県家累代の塋域《えいいき》（墓所）だったに違いない。なぜなら、有朋と友子夫人のそれは本堂先の最奥部に位置しており、しかも外周は石垣で囲まれているので、なんとなく境内を歩いていただけの私の視界に入ることなどまずあり得ないからである。

一九九五（平成七）年の夏、私は久し振りに護国寺を訪れて、ようやく自分の勘違いに気付いた。あの「位人臣を極めた」山県の墓碑が本堂の奥にひっそりと佇んでいようとは……。まったく予想外であった。本堂に向かって右横に位置している、三条実美や大隈重信の大きな墳墓とは正に対照的である。ちなみに、墓碑銘は「元帥公爵山縣有朋墓」であり、まったく同じデザインと大きさの友子夫人の墓碑と並び立っている。

葬られ方にもまた、その人物や家族の価値観や死生観、身分的・権力的位置などが反映されるとするならば、山県の塋域は彼の生前の権力を誇示するものとは程遠く、むしろ外部からの眼差しを遮ろうとするような趣さえ感じられる。

この間、私は岡義武『山県有朋――明治日本の象徴』によって山県との「再会」を果たしていた。韋編三絶《いへんさんぜつ》というが、私の本棚のなかで実際に背表紙が壊れて分解したのは多分この本だけである。大学に奉職はしたが、山県の評伝を自分が書くとは夢にも思わなかったし、藤村道生、伊藤之雄、井上寿一、一坂太郎、松本崇といった諸先学の力作が居並ぶ山県評伝の世界にあえて首を突っ込もうとする気にはなれなかった。

今回小著を世に問うたのは、数年前から開始した共同研究によって、当初の予想をはるかに超える点数の「山県有朋意見書」を確認できたからである。

とはいえ、「新史料」のインパクトにすがることには内心忸怩《じくじ》たるものがあったし、意見書に頼りすぎるのは危険である。しかし、文字通り蛮勇を奮って小著執筆に臨み、このたびかろうじて上梓《じょうし》の運びとなった。

伝記という形式は結構厄介なもので、功成り名遂げた人物の「大器の片鱗《へんりん》」を若き日に見出そうとすれば、エピソードの類はそれなりに見つかるし、政治的激動のなかでの身の処し方についても、首尾一貫したストーリーを組み立てることは可能である。「ぶれない」こと――それは政治的硬直性と紙一重である――が、政治家の身上として重視されるこの国の政治風土では、そうした語り口の方が好まれるのかもしれない。

だが近代日本、とりわけ幕末維新期のような政治的激動期のなかで見出されるのは、時勢に翻弄される人々の姿であり、多分に偶然的な要素によって分岐していく彼らの運命である。懸命に生き、ひっそりと亡くなっていった多くの人々の、物言わぬ存在感もひしひしと迫ってくる。

大袈裟に言えば、評伝執筆とはその人物の生涯を自分なりに背負うことだと思うが、山県の場合、その重さには格別のものがあった。それでもどうにか拙著を上梓できたのは、多くの方々のご助力・ご鞭撻《べんたつ》のお蔭である。

西田敏宏、奈良岡聰智、森靖夫の三氏は、パンデミック下での史料の探索・整理という厄介きわまりない課題にともに取り組んで下さった。また、鋭利かつ快活な議論で、私は何度も元気付けられた。竹中亨・瀧井一博の両氏には研究会の席上、多くの刺激に満ちたご意見を頂いた。小著で用いた「逆説的な民主主義者」という言葉は、瀧井さんの創始に関わるものである。川崎勝氏には時に頂門の一針たるお言葉を賜った。季武嘉也氏は「憲政」に行くたびに、その該博な知識を惜しみなく提供して下さった。大島明子氏には私の質問に懇切にお答えいただいた。松本浩延氏は膨大なデータ整理を迅速かつ正確に行って下さった。

史料のデータ入力に尽力して下さった京都大学・同志社大学の大学院生および元院生のみなさんにもこの場を借りて深謝申し上げる次第である。本来ならば全員のお名前を明記すべきだが、ここでは紙幅の関係上断念せざるをえなかった。お許しいただきたい。

国立国会図書館憲政資料室の現・前職員の方々、特に鈴木宏宗、葦名ふみのお二人にはお世話になりっ放しである。ここにあらためて感謝の意を表したい。

北九州市立大学には、退職後も「共同研究利用室」を提供していただいている。藤田俊氏は、私の閑話にいつもお付き合い下さっている。末尾ながら深謝申し上げる次第である。

小著の原稿はもっと早く入校する予定であった。しかしながら、前著の執筆に手こずったことと、パンデミックにともなうさまざまな混乱によって大幅に遅れ、ついに今日に至ってしまった。中公新書編集部の白戸直人氏にはこの間辛抱強く原稿の完成をお待ちいただき、また、絶妙のタイミングで私の心に巧みに風を送って下さった。ここにあらためて深謝の意を申し上げたい。

二〇二三年五月二七日

小林道彦

本書は科学研究費助成事業、基盤研究（B）（一般）「山県有朋・山県系官僚閥の内外史料分析による日本近代の再検討」課題番号17H02387、二〇一七～一九年度、研究代表者小林道彦、および同「第一次世界大戦における「模範国ドイツ」崩壊の日本に及ぼした影響の政治外交史的研究」課題番号20H01312、二〇二〇～二二年度、同右、の成果の一部である。

参考文献

※ここでは主に本文中に（　）で示した典拠の書誌的データを採録した。先行業績や史料的根拠について、すでに筆者の著書などで触れている場合、本書での注記は割愛した。

本書に関連する筆者の著書・既発表論文

『近代日本と軍部　1868－1945』（講談社現代新書、二〇二〇年）、「近代日本の転換点――日英同盟と憲法・国制改革」（瀧井一博編著『「明治」という遺産』ミネルヴァ書房、二〇二〇年）、「日英同盟と北守南進論」（慶應義塾大学福沢研究センター編・刊行『近代日本研究』二〇二三年）、「山縣有朋『外交政略論』の錯簡について」（『北九州市立大学基盤教育センター紀要』33・二〇一九年一二月）、「山縣有朋の国葬に関する新聞記事について」（同右39・二〇二二年十二月）

山県有朋の伝記・評伝

岡義武『山県有朋――明治日本の象徴』（岩波文庫、二〇一九年。新書は一九五八年刊）。当時の史料的制約もあり、本書では山県の政治権力の安定性や専制性が強調されがちである。とはいえ、質量ともに圧倒的な教養は筆端からほとばしっており、その叙述の見事さは今も読む者を魅了する。

藤村道生『山県有朋』（人物叢書〈吉川弘文館〉、一九六一年）。同書は岡前掲書の直後に出されたものであり、おそらくそれを強く意識したせいか、山県の「保守反動性」をいっそう強調している。執筆年代は古いが、時に外交史家らしい鋭利な指摘も見出される。

ジョージ・アキタ「近代日本政治史研究と山縣有朋」（尚友倶楽部山縣有朋関係文書編纂委員会『山縣有朋関係文書』第三巻、山川出版社、二〇〇八年）。アキタの山県論も示唆に富んでいる。その要点は、一、「山県閥」内部には矛盾もあり問題も多い。その実態は「山県閥現象」とでも言うべきものに過ぎなかったのではないか、二、山県は「日英同盟を推進しながら日露関係も重視した」、「日英同盟に立脚しながら日独関係を視野に入れた行動」をとっており、こうした柔軟な外交的姿勢は再評価されるべきである、三、日清開戦に至る山県の役割は解明されていない、といったものであり、拙著執筆に際しても大いに参考になった。

伊藤之雄『山県有朋――愚直な権力者の生涯』（文春新書、二〇〇九年）。同書は、山県の政治権力の動態分析を行うと同時に、「愚直」「優しさ」「友情」「夢」といった山県の心理的・内面的モメントを重視している。本書の実証的成果は大きく、拙著でも大いに参照させていただいた。

井上寿一『山県有朋と明治国家』（NHKブックス、二〇一〇年）。山県の周到な外交指導に注目するとともに、内政面では大衆からの乖離をものともせず、保守政治家として首尾一貫した生涯を送ったことを明らかにしている。

一坂太郎『山県有朋の「奇兵隊戦記」』（洋泉社y新書、二〇一三年）。山県の「懐旧記事」を現代語訳し、概説としてまとめた労作である。

松元崇『山縣有朋の挫折――誰がための地方自治改革』（日本経済新聞出版社、二〇一一年）。同書は、山県の地方自治論をつぶさに検証し、「専制的官僚政治家」という通俗的イメージを覆している。

なお、山県評伝ではないが瀧井一博『増補・文明史のなかの明治憲法』（ちくま学芸文庫、二〇二三年。原書は二〇〇三年刊）でも、山県の憲法観・国制観に多くの紙数が費やされており、とくに「神話化された明治維新という歴史的経験への回帰」という山県の内面的態度の指摘はきわめて印象的である。

伊藤隆編著『山県有朋と近代日本』（吉川弘文館、二〇〇八年）は、伊藤隆、ジョージ・アキタ「山県有朋と「人種競争論」」（『年報・近代日本研究』7、山川出版社、一九八五年）に始まる山県再評価の一里塚たるべき論文集。有馬学「山県有朋の語られ方」からは、「天皇制」と山県との無前提的な同一視の問題点など多くを気付かさせられた。

これ以外にも、阿部眞之助『近代政治家評伝』（文藝春秋、二〇一五年。文藝春秋新社、一九五三年刊の再刊）、杉山茂丸『山県元帥』（書肆心水、二〇二〇年。博文館、一九二五年刊の復刻版）などがある。

小堀桂一郎『森鷗外――批評と研究』（岩波書店、一九九八年）。第Ⅲ部「大世界との交渉」は森鷗外と山県有朋との一定の緊張感に満ちた交遊を描き出していて、山県論としてもきわめて興味深い。

池辺三山「山県公」（池辺著・滝田樗陰編『明治維新三大政治家』中公文庫、一九七五年）も、星亭との性格の一致を指摘していて印象に残る。

史料

伊藤博文関係文書研究会『伊藤博文関係文書』（塙書房、一九七三～七九年）
大山梓編『山縣有朋意見書』（原書房、一九六六年）
倉富勇三郎日記研究会『倉富勇三郎日記』一・二（国書刊行会、二〇一〇、一二年）
小林龍夫編『翠雨荘日記』（原書房、一九六六年）
尚友倶楽部児玉源太郎関係文書編集委員会 編『児玉源太郎関係文書』（同成社、二〇一五年）
尚友倶楽部児玉秀雄関係文書編集委員会『児玉秀雄関係文書』Ⅰ（同成社、二〇一〇年）
尚友倶楽部品川弥二郎関係文書編纂委員会編『品川弥二郎関係文書』一～八（山川出版社、一九九三～二〇一七年）
尚友倶楽部・広瀬順晧他編『田健治郎日記』一～八巻（芙蓉書房出版、二〇〇八～一八年）
尚友倶楽部山縣有朋関係文書編纂委員会編『山縣有朋関係文書』一～三（山川出版社、二〇〇五～〇八年）
須田喜代次監修『森鷗外宛書簡集』2（文京区立森鷗外記念館、二〇一九年）
高橋箒庵『萬象録』全九巻（思文閣出版、二〇二一年）
千葉功編『桂太郎関係文書』（東京大学出版会、二〇一〇年）
千葉功編『桂太郎発書翰集』（東京大学出版会、二〇一一年）
寺内正毅関係文書研究会編『寺内正毅関係文書』一・二（東京大学出版会、二〇一九、二二年）
長谷川雄一、C・W・A.スピルマン、萩原稔編集『北一輝自筆修正版 国体論及び純正社会主義』（ミネルヴァ書房、二〇〇七年）
原奎一郎編『原敬日記』一～六（福村出版、一九八一年）
松尾尊兊編『石橋湛山評論集』（岩波文庫、一九八四年）
宗像和重監修『森鷗外宛書簡集』1（文京区立森鷗外記念館、二〇一七年）
安岡昭男・長井純市編「田中光顕関係文書紹介（1）～（12）」（『法政大学文学部紀要』第52～63号、二〇〇六年三月～二〇一一年一〇月）
吉田茂記念事業財団編『吉田茂書翰』（中央公論社、一九九四年）

山県以外の評伝・概説書など

荒畑寒村『寒村自伝』上・下（岩波文庫、一九七五年）
有泉貞夫『星亨』（朝日新聞社、一九八三年）
一坂太郎『長州奇兵隊』（中公新書、二〇〇二年）
同『高杉晋作と長州』（吉川弘文館、二〇一四年）
同『暗殺の幕末維新史』（中公新書、二〇二〇年）
伊藤之雄『明治天皇』（ミネルヴァ書房、二〇〇六年）

同『伊藤博文』（講談社学術文庫、二〇〇九年）
同『元老』（中公新書、二〇一六年）
岡義武『近代日本の政治家』（岩波文庫、二〇一九年）
加藤陽子『戦争の日本近現代史』（講談社現代新書、二〇〇二年）
苅部直『「維新革命」への道』（新潮選書、二〇一七年）
北岡伸一『後藤新平』（中公新書、一九八八年）
小林道彦『桂太郎』（ミネルヴァ書房、二〇〇六年）
同『児玉源太郎』（ミネルヴァ書房、二〇一二年）
佐藤進一『南北朝の動乱』（中公文庫、一九七四年）
清水唯一朗『近代日本の官僚』（中公新書、二〇一三年）
同『原敬』（中公新書、二〇二一年）
須田努『吉田松陰の時代』（岩波書店、二〇一七年）
瀧井一博『伊藤博文』（中公新書、二〇一〇年）
同『大久保利通』（新潮選書、二〇二二年）
竹中亨『ヴィルヘルム2世』（中公新書、二〇一八年）
原武史『大正天皇』（朝日選書、二〇〇〇年）
前田利為侯伝記編纂委員会編『前田利為・軍人編』（同会、一九九一年）
前田蓮山『政変物語』（文成社、一九一七年）
同『原敬伝』上下（高山書院、一九四三年）
松沢裕作『町村合併から生まれた日本近代』（講談社選書メチエ、二〇一三年）
三谷博『維新史再考』（ＮＨＫブックス、二〇一七年）
三宅紹宣『幕長戦争』（吉川弘文館、二〇一三年）
宮地正人『幕末維新変革史』全二巻（岩波書店、二〇一二年）

専門書・研究論文

我妻栄編『日本政治裁判史録　明治・後』（第一法規出版、一九六九年）
安藤陽子「山県内相の欧州視察と府県制・郡制草案の編纂問題」（『中央史学』第八号、一九八五年三月）
飯島直樹「元帥府・軍事参議院の成立」（『史学雑誌』第一二八編第三号、二〇一九年三月）
飯塚一幸「日清戦後の地方制度改革」、『史林』第七九巻第一号、一九九六年一月）
伊藤之雄『立憲国家と日露戦争』（木鐸社、二〇〇〇年）
同『立憲国家の確立と伊藤博文』（吉川弘文館、一九九九年）
同「大隈重信と征韓論政変」(1)・(2)（『法学論叢』八一巻一・二号、二〇一七年四・五月）
大江洋代『明治期日本の陸軍』（東京大学出版会、二〇一八年）
大島明子「統帥権の独立と山県有朋」（明治維新学会編『明治国家形成期の政と官』有志舎、二〇二〇年）
居石正和『府県制成立過程の研究』（法律文化社、二〇一〇年）

北岡伸一『日本陸軍と大陸政策』（東京大学出版会、一九七八年）
同『官僚制としての日本陸軍』（筑摩書房、二〇一二年）
黒沢文貴『大戦間期の宮中と政治家』（みすず書房、二〇一三年）
小金井喜美子『鷗外の思い出』（岩波文庫、一九九九年）
小山直子『フロックコートと羽織袴』（勁草書房、二〇一六年）
齊藤紅葉『木戸孝允と幕末・維新』（京都大学学術出版会、二〇一八年）
坂井雄吉『井上毅と明治国家』（東京大学出版会、一九八三年）
坂本一登『伊藤博文と明治国家形成』（講談社学術文庫、二〇一四年）
同「明治二十二年の内閣官制についての一考察」（犬塚孝明編『明治国家の政策と思想』（吉川弘文館、二〇〇五年）
同「伊藤博文と山県有朋」（前掲『山県有朋と近代日本』）
酒田正敏『近代日本における対外硬運動の研究』（東京大学出版会、一九七八年）
佐々木隆『藩閥政府と立憲政治』（吉川弘文館、一九九二年）
佐藤信『近代日本の統治と空間』（東京大学出版会、二〇二〇年）
島内景二「歌人としての賀古鶴所」（『電気通信大学紀要』第一六巻一号、二〇〇三年）
清水唯一朗「政党政治の模索」（小川原正道編著『日本近現代政治史』ミネルヴァ書房、二〇二三年）
季武嘉也『大正期の政治構造』（吉川弘文館、一九九八年）
高橋秀直『山県閥貴族院支配の展開と崩壊』（『日本史研究』二六九号、一九八五年一月）
同『山県閥貴族院支配の構造』（『史学雑誌』九四巻二号、一九八五年二月）
同『日清戦争への道』（東京創元社、一九九五年）
同『幕末維新の政治と天皇』（吉川弘文館、二〇〇七年）
瀧川政次郎「誰も知らない幸徳事件の裏面」（『特集人物往来』第一巻八号、人物往来社、一九五六年一二月）
千葉功『旧外交の形成』（勁草書房、二〇〇八年）
同「南北朝正閏問題再考」（『学習院史学』第五七号、二〇一九年三月）
同『南北朝正閏問題』（筑摩書房、二〇二三年）
塚目孝紀「大宰相主義の政治指導」（『史学雑誌』第一三〇編第八号、二〇二一年八月）
ディッキンソン、フレドリック・R『大正天皇』（ミネルヴァ書房、二〇〇九年）
内藤一成「もうひとつの山県人脈」（前掲『山県有朋と

近代日本』）
長井純市「山県有朋と地方自治制度確立事業」（『史学雑誌』第一〇〇編第四号、一九九一年四月）
中島耕二『近代日本の外交と宣教師』（吉川弘文館、二〇一二年）
中村崇高「近代日本の兵役制度と地方行政」（『史学雑誌』第一一八編第七号、二〇〇九年七月）
奈良岡聰智『加藤高明と政党政治』（山川出版社、二〇〇六年）
同『対華二十一ヵ条要求とは何だったのか』（名古屋大学出版会、二〇一五年）
坂野潤治『明治憲法体制の確立』（東京大学出版会、一九七一年）
前田亮介「幻の「道州制」」（『日本歴史』二〇一九年三月号）
御厨貴『明治国家形成と地方経営』（東京大学出版会、一九八〇年）
三谷太一郎『日本政党政治の形成』（東京大学出版会、一九八七年）
同『近代日本の戦争と政治』（岩波書店、一九九七年）
村瀬信一『明治立憲制と内閣』（吉川弘文館、二〇一一年）
村中朋之「山県有朋の『利益線』概念」（『軍事史学』一六五号、二〇〇六年六月）
室山義正『松方正義』（ミネルヴァ書房、二〇〇五年）
森靖夫『「国家総動員」の時代』（名古屋大学出版会、二〇二〇年）
森山茂徳『近代日韓関係史研究』（東京大学出版会、一九八七年）
若月剛史『戦前日本の政党内閣と官僚制』（東京大学出版会、二〇一四年）

その他

一木喜徳郎「公と徴兵令、自治制及教育勅語」（『月刊・太陽』一九二三年三月号）
ウェーバー、マックス著・濱嶋朗訳『権力と支配』（講談社学術文庫、二〇一二年）。本文中の「戦争経営手段」という用語は本書による
金子堅太郎「第一議会前後に於ける公の苦心」（『月刊・太陽』一九二二年三月号）
今野元『多民族国家プロイセンの夢』（名古屋大学出版会、二〇〇九年）
同『ドイツ・ナショナリズム』（中公新書、二〇二一年）
小堀桂一郎『森鷗外　批評と研究』（岩波書店、一九九八年）
「大正天皇の女官の肉声、摂政めぐる対立詳細に」（TBS NEWS、二〇一九年五月三日配信）
杉下守弘「大正天皇（1879–1926）の御病気に関する

文献的考察」（『認知神経科学』第一四巻一号、二〇一二年）
田健治郎「保安条例以来の追懐」（『月刊・太陽』一九二二年三月号）
松崎哲久『近代百人一首』（中央公論社、一九九五年）

◎主要図版出典一覧

国立国会図書館　一三、四一、五八、六二、八二上下、一三七、一九九上、二二六、二三一頁

山県有朋　略年譜

西暦（年号）	年齢	出来事
一八三八 天保九	1	閏4月22日、長門国萩城下川島庄に生まれる。父有稔、母松子
一八四二 天保一三	5	2月30日、母松子死去
一八五〇 嘉永三	13	蔵元付打廻手子となる
一八五三 嘉永六	16	元服。蔵元両人所の下手子、ついで明倫館の手子役となる。代官所手子役に転じ、目附の横目役となる。この年、剣術および柔術の免許を得、宝蔵院流の槍術を修める
一八五八 安政五	21	6月、藩命により伊藤博文らとともに上洛。10月、帰藩し松下村塾に入る
一八六〇 万延元	23	7月、藩命により鹿児島に派遣。11月29日、父有稔死去
一八六二 文久二	25	2月～3月、藩命により京都を経て江戸に入る。3月24日、江戸藩邸で桂小五郎（木戸孝允）に会う。8月帰藩
一八六三 文久三	26	2月、藩命により上洛。3月、高杉晋作とともに鴨川河畔で孝明天皇の加茂社行幸を拝す。4月16日、帰藩、攘夷の準備に入る。12月23日、奇兵隊軍監に就任
一八六四 元治元	27	8月5日、英米仏蘭四国艦隊を壇之浦で迎撃、負傷。12月、剃髪して素狂と号す。この間、藩庁に建白書を提出
一八六五 慶應元	28	1月7日、奇兵隊を率いて藩政府軍本営を奇襲（大田絵堂の戦い）。3月9日、祖母入水
一八六六 二	29	6月17日、奇兵隊を率いて九州小倉藩領に上陸。小倉藩をはじめとする幕府方と戦う。10月18日、

			意見書「衛夜乃寝言」を藩政府に提出
一八六七	三	30	5月、薩摩藩士桐野利秋らとともに上洛。5月18日、西郷隆盛と初会談。6月16日、島津久光に拝謁。6月22日、薩摩藩の蒸気船で長州に戻る。7月16日、石川良平の娘友子と結婚
一八六八	明治元	31	2月、上洛。奇兵隊を率いて江戸に入る。4月19日、北陸道鎮撫総督兼会津征討越後口総督参謀就任。閏4月20日、高田に到着。越後国各所に転戦。9月18日、若松城攻囲軍に参加。10月5日、甲府着。10月13日、東京に戻り京都を経て、12月長州吉田村の無鄰菴に帰る
一八六九	二	32	3月6日、新政府より欧州差遣の辞令を受ける。6月2日、戊辰戦争の軍功により永世禄六〇〇石下賜。3月28日、長崎を出発、西郷従道とともに渡欧の途に着く。マルセイユに上陸しパリを経て、10月下旬、ロンドンに入り滞留
一八七〇	三	33	1月、フランスに渡り、ベルギー、ドイツ、オーストリア、ロシア、オランダを巡遊。7月、海路アメリカに向かい、サンフランシスコ経由で8月2日、横浜に帰着。8月3日、参内し、明治天皇に初めて拝謁。8月28日、兵部少輔・従五位。12月18日、勅使とともに鹿児島上陸。19日、西郷隆盛に会って上京を促す。12月30日、日田県騒擾鎮圧のため臨機出兵の指揮を任ぜらる
一八七一	四	34	6月30日、野村靖、鳥尾小弥太らと廃藩置県の議を論ず。7月2日、西郷隆盛と廃藩置県について議論する。7月14日、兵部大輔。12月12日、従四位
一八七二	五	35	2月28日、兵部省の廃止と陸海軍省設置にともない、陸軍大輔に任ぜらる。3月9日、陸軍中将兼陸軍大輔、近衛都督。7月20日、近衛都督を辞任
一八七三	六	36	4月18日、陸軍大輔の兼官を解除され、29日、陸軍省御用掛となる、陸軍卿代理を命ぜらる。6月8日、陸軍卿を兼任。7月20日、西日本の四鎮台巡視を命ぜられ、8月21日東京を出発。10月26日、帰京。11月15日、正四位
一八七四	七	37	2月8日、陸軍卿を辞任、近衛都督就任。10日、長男餘一誕生、同日死去。22日、陸軍省参謀局長兼勤。2月23日、佐賀の乱の征討参軍になる。3月27日、征討参軍を免ぜらる。6月30日、陸軍卿兼任。7月27日、台湾蕃地事務局出仕。8月2日、参議兼任（陸軍卿は在任）。この頃、再三にわたって陸軍卿の辞表を奉呈するも許されず。8月7日、台湾征討問題について軍隊臨機指揮の儀を

			内論される。この間、台湾出兵について数度にわたって意見書を要路に提出
一八七五	八	38	1月1日、次男春一誕生（3月29日早逝）。10月、兵を率いて下関に駐屯し、朝鮮国との開戦に備える。12月7日、廃刀令の建言書を提出
一八七六	九	39	1月19日、下関へ出発。3月16日、帰京。3月31日、参謀局長を辞任。8月5日、三条実美太政大臣らと北海道巡視に出発。9月30日、帰京。10月10日、長女稔子誕生
一八七七	一〇	40	2月19日、西南戦争に際して征討参軍に任ぜらる。2月25日、九州上陸。3月、田原坂の戦いに臨む。4月16日、熊本城入城。7月24日、都城へ入る。9月、城山に薩軍を囲む。9月23日、西郷に自決を勧める。24日、西郷の首級に対面。10月16日、東京に凱旋。11月2日、勲一等旭日大綬章を授与。11月22日、議定官を兼任。26日、近衛都督を辞任。12月6日、戦功により年金７４０円を給付
一八七八	一一	41	5月1日、近衛都督。8月18日、次女松子誕生（後の男爵船越光之丞夫人）。23日、竹橋事件。この頃、「軍人訓誡」を起草。10月8日、参謀本部設置の建議を提出。12月24日、参謀本部を設置。山県は陸軍卿兼任を止め、参謀本部長を兼任（参議は在職）
一八七九	一二	42	10月15日、近衛都督を辞任し、参謀本部長専任となる。12月、国会開設に関する意見書を提出
一八八〇	一三	43	3月14日、長女稔子死去（3歳）。11月、「隣邦兵備略」を提出
一八八一	一四	44	6月3日、北陸及び山陰地方の巡視を仰せ付けられ、7日東京出発、8月10日帰京。10月11日、明治14年政変
一八八二	一五	45	2月27日、参謀本部長の兼職を止め、参事院議長を兼任。同日、参謀本部御用掛兼務（参議・議定官は在職）。3月23日、陸軍卿大山巌不在中の代理となる。この後、省卿不在中の代理を頻繁に仰せ付けられる。4月12日、毛利家顧問就任
一八八三	一六	46	5月22日、宮内省文書局監督。12月12日、参事院議長の兼任を止め、内務卿を兼任する
一八八四	一七	47	2月6日、三女信子誕生。5月8日、中山道ならびに京摂地方へ出張、6月22日、帰京。7月7日、華族令発布。特旨により華族に列し、勲功により特に伯爵となる。11月15日、宮城県出張、12月25日、帰京。27日、従三位

一八八五	一八	48	4月8日、三女信子早逝（1歳）。7月10日、農商務卿兼任。8月22日、国防会議議員。8月31日、参謀本部長兼補を免ぜられ参謀本部御用掛となる。10月19日、明治天皇、富士見町山県邸に行幸。内閣制度の創設と「内閣職権」制定、内閣官制一八八九年一二月二四日。12月、内務大臣に就任
一八八六	一九	49	2月26日、西日本方面の国境視察に出発。南西諸島の最西端たる与那国島まで巡視し、尖閣諸島を海上から望見して五島列島・対馬を巡視して3月31日に帰京。清国海軍のプレゼンス皆無。7月10日、農商務大臣を兼任。8月5日、北海道の民情・産業視察に出発。井上馨同伴。10月19日、従二位
一八八七	二〇	50	1月27日、地方制度編纂委員。4月23日、金2500円を海防費として献金。5月31日、監軍部設置、同日監軍兼補。6月24日、農商務大臣の兼任を止む。12月、保安条例を施行し、自由党土佐派を中心とする民権派を帝都中枢から追放
一八八八	二一	51	2月12日、四女梅子誕生、同日早逝。5月11日〜6月4日、対馬から朝鮮釜山を視察。12月2日、欧州視察旅行へ横浜を出発
一八八九	二二	52	インド洋・地中海経由でフランスへ。1月11日、マルセイユに上陸。ベルリンにてグナイストから地方自治について教授を受け、ロンドンからフランス、ドイツ、オーストリア、イタリア、ロシア、英国を巡遊して、アメリカ経由で帰途に着く。10月2日、横浜着。この間、7月31日に三男朋輔生誕。10月18日、閣議で条約改正反対の態度を明らかにする。12月20日、内閣組織の大命降下、24日、内閣総理大臣兼内務大臣。第一次山県有朋内閣の成立。特旨により、特に現役軍人に列せられ、監軍の兼職を止める。12月24日、内閣官制公布
一八九〇	二三	53	5月17日、内務大臣の兼任を解かれる。6月7日、陸軍大将 12月6日、第一議会施政方針演説（主権線利益線演説）
一八九一	二四	54	5月6日、内閣総理大臣を辞す。同日、元勲優遇の勅諚を受ける
一八九二	二五	55	8月8日、司法大臣（第二次伊藤博文内閣）。11月13日、三男朋輔逝去（3歳）
一八九三	二六	56	3月11日、司法大臣を辞任し、枢密院議長に就任。9月12日、友子夫人逝去（享年42）
一八九四	二七	57	6月2日、元老として閣議に出席。6月24日、開戦の方略と順序についての意見書を提出。8月1

			日、対清宣戦布告。8月30日、第一軍司令官に任命。9月4日、東京出発。12日、仁川到着、13日、漢城（現ソウル）に入る。25日、平壌入城。10月25日、鴨緑江を渡る。11月、陣中に病む。12月3日、海城攻撃の命令を下す。7日、召還の勅命を受ける。8日、帰途に着き、16日、広島県宇品着。17日、広島大本営にて復命し、征清作戦計画に関する意見書を上奏。18日、枢密院議長と第一軍司令官の職を解かれ、新たに監軍に任ぜらる。20日、大臣礼遇・元勲優遇の勅諚を受ける。広島にて大本営に出仕
一八九五	二八	58	3月7日 陸軍大臣兼任。4月17日、下関講和条約。23日三国干渉。26日、遼東還付決定顛末伝達のため、勅を奉じて旅順に向かう。5月7日、京都の大本営に復奏。26日、陸軍大臣の兼官を解かれる。27日、元勲優遇の勅諚を受ける。30日、鳳輦に従って帰京。8月5日、功二級、年金一〇〇〇円を賜り、金鵄勲章・旭日桐花大綬章を受勲。同日侯爵に昇り、宮中から金五万円を下賜される。12月20日、正二位
一八九六	二九	59	ロシア皇帝ニコライ2世戴冠式に特命全権大使として参列のため、3月15日横浜出発。28日サンフランシスコ着。北米大陸を横断してニューヨークから渡欧し、モスクワに至る。5月26日戴冠式に参列。6月9日、朝鮮問題に関する山県・ロバノフ協定成立。6月初旬モスクワ発。ベルリンにてヴィルヘルム2世に拝謁。マルセイユから乗船。インド洋を経て、7月28日横浜着
一八九七	三〇	60	11月、九州において総監演習を挙行
一八九八	三一	61	1月20日、監軍を免ぜられ、元帥府に列して元帥の称号を受ける。6月14日、椿山荘にて還暦の祝宴を催す。10月24日、皇太子、京都無鄰菴に行啓。11月8日、組閣の大命降下。第二次山県有朋内閣の成立。15日、陸軍大阪地方特別大演習に板垣退助を招待する。12月26日、椿山荘にて星亨との交渉に臨む。12月30日、地租条例改正（地租増徴）
一八九九	三二	62	3月16日、府県制・郡制改正。28日、文官任用令改正
一九〇〇	三三	63	3月10日、治安警察法公布。29日、衆議院議員選挙法改正公布。5月19日、陸軍省・海軍省官制改正（軍部大臣現役武官制）、この月、辞表を奉呈するも、北清事変の勃発により天皇は留任を命じる。6月15日、閣議北清地方に派兵を決定。9月26日、辞表を提出。10月19日、内閣総理大臣を辞

			任。元勲優遇の勅諚を受ける
一九〇一	三四	64	5月22日、元老会議で桂太郎を首相に推薦。9月13日、伊藤博文外遊の壮行会に出席し、日露交渉について伊藤に釘をさす。12月7日、神奈川県葉山の長雲閣（桂太郎別邸）にて、元老と主要閣僚の会議を開き、日英同盟を議す。12月27日、首相在任中、北清事変の功により金六〇〇〇円を下賜
一九〇二	三五	65	6月3日、大勲位菊花大綬章受勲。11月、熊本での陸軍大演習供奉の途次、長州吉田東行庵に至り高杉晋作の墓に詣でる
一九〇三	三六	66	4月21日、京都無鄰菴にて伊藤、桂らと対露方針を議す。7月8日、伊藤博文を訪い、枢密院議長就任を促す。7月13日、松方正義とともに枢密顧問官に任ぜらる
一九〇四	三七	67	2月10日、対露宣戦布告。3月8日、天皇の意向により大本営に入る。6月20日、参謀総長兼兵站総監
一九〇五	三八	68	1月1日、旅順のロシア軍守備隊降伏。3月10日、奉天会戦。5月27日、日本海海戦。7月14日、満州視察に出発。25日、満州軍総司令部（奉天）、遼陽・旅順を巡視して、8月9日、帰京。28日、御前会議に出席し、対露講和方針を議す。9月5日、日露講和条約。12月20日、参謀総長兼兵站総監を退任。21日、枢密院議長
一九〇六	三九	69	4月1日、功一級、金鵄勲章。年金一五〇〇円、菊花章頸飾。4月30日、陸軍凱旋大観兵式行幸に供奉
一九〇七	四〇	70	2月2日、70歳の高齢により、御紋章附御杯一個ならびに御酒肴料を下賜。6月14日、古稀の賀宴を開く。9月21日、公爵
一九〇八	四一	71	11月、奈良方面での大演習行幸に供奉
一九〇九	四二	72	5月1日、東宮（のちの大正天皇）椿山荘行啓。6月14日、枢密院議長辞任、枢密顧問官就任。11月17日、枢密院議長
一九一〇	四三	73	5月25日、大逆事件の検挙始まる。6月5日、東宮小田原古稀庵行啓。8月22日、首相官邸にて桂首相・小村寿太郎外相らと韓国併合問題を議す。11月3日、帝国在郷軍人会嘱託
一九一一	四四	74	5月10日、維新史料編纂会顧問。8月21日、恩賜財団済生会顧問嘱託

一九一二	四五	75	7月30日、明治天皇崩御。12月1日、上原陸相から増師問題に関する所見を聴取
一九一三	大正 二	76	2月11日、第三次桂太郎内閣総辞職。11月19日、枢密院議長の辞表を提出。12月2日、留任
一九一四	三	77	1月30日、古稀庵庭内に明治天皇を祀る槇ガ岡神社を鎮座。8月8日、首相官邸において元老会議に列席、対独外交方針を議す。8月23日、対独宣戦布告。元帥府にて対独参戦に関する勤務に従事
一九一五	四	78	1月15日、元帥府における対独参戦関連業務完了。18日、対華21ヵ条要求。11月10日、京都にて即位の大礼に参列
一九一六	五	79	10月4日、宮中の元老会議で寺内正毅を後継首班に奏薦
一九一七	六	80	4月2日、宮中杖下賜。6月14日、椿山荘にて80歳の賀宴を催す。8月2日、腸胃症にて臥床。12月15日、椿山荘を引き払い、麹町五番町の新居に移る
一九一八	七	81	7月15日、宮中にて元老大臣会議に臨み、シベリア出兵問題を議す。8月2日、シベリア出兵宣言。同日より元帥府に勤務
一九一九	八	82	2月3日、インフルエンザを罹患。6日、気管支炎を併発。カタル性肺炎と診断される。3月1日、朝鮮独立運動（万歳事件）。6月7日、病癒え入京。14日、病気全快の祝宴開催。6月28日、ヴェルサイユ講和条約成立。11月30日、元帥府への勤務終了
一九二〇	九	83	1月29日、感冒に罹患、ほどなく快癒。6月10日、元老会議にて皇室典範改正について議す。10月15日、帝室経済会議に出席
一九二一	一〇	84	3月21日、宮中某重大事件に関し、一切の地位礼遇の拝辞を申し出る。5月18日、辞表は許されず。その任に留まる。11月4日、原敬暗殺。非常な衝撃を受け、気管支カタルを発症
一九二二	一一	85	1月26日、病勢昂進し、重態に陥る。2月1日午後1時20分、薨去。特旨を以て従一位に昇叙。3日、貴衆両院満場一致で国葬費予算を可決。国葬の勅令公布。9日、東京日比谷公園にて国葬の儀。遺骸を小石川音羽護国寺に埋葬

小林道彦（こばやし・みちひこ）

1956年埼玉県熊谷市生まれ．88年中央大学大学院文学研究科博士後期課程単位取得満期退学．2000年京都大学博士（法学）．国立国会図書館委嘱研究員（憲政資料室），北九州市立大学法学部・基盤教育センター教授などを経て，21年より北九州市立大学名誉教授．

著書『大正政変――国家経営構想の分裂』（千倉書房，2015年，もとは『日本の大陸政策』南窓社，1996年）
『桂太郎――予が生命は政治である』（ミネルヴァ書房，2006年）
『政党内閣の崩壊と満州事変――1918～1932』（ミネルヴァ書房，2010年）第39回吉田茂賞受賞
『児玉源太郎――そこから旅順港は見えるか』（ミネルヴァ書房，2012年）
『近代日本と軍部 1868-1945』（講談社現代新書，2020年）
共編著『歴史の桎梏を越えて』（千倉書房，2010年）第27回大平正芳記念賞特別賞共同受賞
共編『内田康哉関係資料集成』全３巻（柏書房，2012年）

山県有朋《やまがたありとも》
中公新書 *2777*

2023年11月25日発行

著　者　小林道彦
発行者　安部順一

本文印刷　三晃印刷
カバー印刷　大熊整美堂
製　　本　小泉製本

発行所　中央公論新社
〒100-8152
東京都千代田区大手町 1-7-1
電話　販売 03-5299-1730
　　　編集 03-5299-1830
URL https://www.chuko.co.jp/

Published by CHUOKORON-SHINSHA, INC.
Printed in Japan　ISBN978-4-12-102777-1 C1221

中公新書刊行のことば

一九六二年一一月

いまからちょうど五世紀まえ、グーテンベルクが近代印刷術を発明したとき、書物の大量生産は潜在的可能性を獲得し、いまからちょうど一世紀まえ、世界のおもな文明国で義務教育制度が採用されたとき、書物の大量需要の潜在性が形成された。この二つの潜在性がはげしく現実化したのが現代である。

いまや、書物によって視野を拡大し、変りゆく世界に豊かに対応しようとする強い要求を私たちは抑えることができない。この要求にこたえる義務を、今日の書物は背負っている。だが、その義務は、たんに専門的知識の通俗化をはかることによって果たされるものでもなく、通俗的好奇心にうったえて、いたずらに発行部数の巨大さを誇ることによって果たされるものでもない。現代を真摯に生きようとする読者に、真に知るに価いする知識だけを選びだして提供すること、これが中公新書の最大の目標である。

私たちは、知識として錯覚しているものによってしばしば動かされ、裏切られる。私たちは、作為によってあたえられた知識のうえに生きることがあまりに多く、ゆるぎない事実を通して思索することがあまりにすくない。中公新書が、その一貫した特色として自らに課すものは、この事実のみの持つ無条件の説得力を発揮させることである。現代にあらたな意味を投げかけるべく待機している過去の歴史的事実もまた、中公新書によって数多く発掘されるであろう。

中公新書は、現代を自らの眼で見つめようとする、逞しい知的な読者の活力となることを欲している。

中公新書

日本史

d4

2107 近現代日本を史料で読む　御厨　貴編
2554 日本近現代史講義　山内昌之・細谷雄一編著
2719 近代日本外交史　佐々木雄一
1836 華　族　小田部雄次
2379 元老―近代日本の真の指導者たち　伊藤之雄
2492 帝国議会―西洋の衝撃から誕生までの格闘　久保田　哲
840 江藤新平（増訂版）　毛利敏彦
2051 伊藤博文　瀧井一博
2618 板垣退助　中元崇智
2550 2551 大隈重信（上下）　伊藤之雄
2212 近代日本の官僚　清水唯一朗
2294 明治維新と幕臣　門松秀樹
2483 明治の技術官僚　柏原宏紀
561 明治六年政変　毛利敏彦
1927 西南戦争　小川原正道

2320 沖縄の殿様　高橋義夫
252 ある明治人の記録（改版）　石光真人編著
161 秩父事件　井上幸治
2270 日清戦争　大谷　正
1792 日露戦争史　横手慎二
2605 民衆暴力―一揆・暴動・虐殺の日本近代　藤野裕子
2712 韓国併合　森万佑子
2509 陸奥宗光　佐々木雄一
2141 小村寿太郎　片山慶隆
2660 原　敬　清水唯一朗
881 後藤新平　北岡伸一
2393 シベリア出兵　麻田雅文
2762 災害の日本近代史　土田宏成
2269 日本鉄道史　幕末・明治篇　老川慶喜
2358 日本鉄道史　大正・昭和戦前篇　老川慶喜
2530 日本鉄道史　昭和戦後・平成篇　老川慶喜
2640 鉄道と政治　佐藤信之

2777 山県有朋　小林道彦

現代史

中公新書

現代史

f2